Paulo Roberto Feldmann

Management in Latin America
Threats and Opportunities in
the Globalized World

拉丁美洲企业管理
全球化带来的机遇与挑战

[巴西] 保罗·罗伯托·费尔德曼 著
复旦发展研究院金砖国家研究中心 译

上海社会科学院出版社
SHANGHAI ACADEMY OF SOCIAL SCIENCES PRESS

本书的出版得到
复旦发展研究院金砖国家研究中心的大力支持

内容简介

拉丁美洲拥有全球 8% 的人口，GDP 占世界总量的 4%。然而，世界上最大的 2 000 家企业中，却只有不到 2% 的公司总部位于拉丁美洲，或者说来自拉丁美洲。保罗·罗伯托·费尔德曼教授希望通过本书，阐释这一问题与拉丁美洲地区企业管理方式之间的关联。目前，许多学术研究从拉丁美洲宏观经济和结构角度对此进行了解释，却几乎没有人试图从其企业管理方式的角度进行分析。虽然企业的发展与宏观经济环境息息相关，但在商业环境和微观经济方面仍有许多有待改善，从而才能使企业在全球化的浪潮中蓬勃发展。为使拉丁美洲地区更多的企业能在全球化进程中获得成功，本书提出了许多企业和国家层面应采取的措施。

本书介绍了拉丁美洲企业管理的主要特点。显然，拉丁美洲的企业管理相较于欧洲、北美洲或亚洲存在诸多差异。文化因素在管理企业中起到了非常关键的作用。在拉丁美洲，诸如家庭和朋友这样的人际关系，或是在政策边缘打"擦边球"以获益的心态，几乎渗透到所有拉丁美洲国家的企业管理模式中。费尔德曼指出，即便是拉丁美洲地区的大型企业也大都依赖自然资源和廉价劳动力。正因此，除了少数几个特例外，其余在全球范围内取得成功的拉丁美洲企业，几乎都集中在 19 世纪兴起的重要行业，例如饮料、水泥、采矿和农业。然而，21 世纪企业最重要的发展因素是技术和知识。而从乐观的角度来看，人们正逐渐意识到清洁能源以及生物多样性的重要性，在这方面，拉丁美洲具备极大的发展空间，这些机遇亦能促进拉丁美洲的发展并引导其发展方向。

本书面向对拉丁美洲企业管理感兴趣的读者以及需要为企业制定战略的管理人才。为此，作者分析了拉丁美洲 8 个最重要国家的商业环境，剖析了该地区经济的 20 个主要领域，展示了拉丁美洲企业在各个行业所取得的成功。此外，作者还为拉丁美洲地区的企业该如何更好地利用拉丁美洲资源和潜力以提高创新能力提出了建议与看法。

中文版序

《拉丁美洲企业管理：全球化带来的机遇与挑战》一书首次于2010年在巴西以葡萄牙文出版。2014年，为向北美洲介绍拉丁美洲企业管理的方式和特点，该书英文版面世。当时，绝大多数在拉丁美洲经营的跨国企业均来自美国。对于这些外国管理人员来说，拉丁美洲企业的管理模式与欧洲、亚洲和北美洲截然不同。八年后的今天，在2022年，我们看到中国的企业正在快速地在拉丁美洲地区发展，故本书将被翻译成中文出版，为中国读者奉上一部有价值的参考书。

本书在不同地区以不同语言出版，重点展示了拉丁美洲的文化因素及其对商业管理的影响。换句话说，本书试图通过拉丁美洲文化这一视角来理解该地区公共或私人机构以及企业的管理能力。

拉丁美洲的企业生长于贵族和寡头为主导的社会环境。这一环境长期以富裕阶层为核心，家庭以父权制形式为基础，这样的环境中逐渐形成拉丁美洲地区第一批企业。自然而然，企业的组织管理方式与家庭成员之间的关联极为相似。另一方面，几个世纪以来，农业作为拉丁美洲唯一的经济活动，使得农村的封建制度最终深深地扎根并盛行于其文化中。

导致拉丁美洲仅有少数几家企业排名世界前列的另一个重要原因是企业缺乏一定的专业化程度。重视家庭和朋友关系对于拉丁美洲人民来说是最重要的价值观之一。几乎在每一笔商业交易中都存在社会关系，家庭或个人友谊的纽带则很容易跨越企业的等级制度。然而，如果要在全球市场上脱颖而出，拉丁美洲的企业需要尽其所能地进行专业化管理，全球化对家族经营企业的影响往往比对非家族经营企业的影响更为负面。

在拉丁美洲，文化对商业影响的最典型因素就是朋友关系。合同在拉丁美洲的概念与在美国不同，相比而言，在拉丁美洲往往最重要的是人际关系，将生意与友谊混为一谈是一种很常见的现象，有时甚至合同比不上一句承诺的话语。在美国，往往法律至上，一切都以合同为中心，而在拉丁美洲，更多取决于你和谁做生意。

或许影响拉丁美洲地区企业管理方式的主要特征就是拉丁美洲人的人际关系网络。与北美人有所不同，拉丁美洲人对竞争持有负面的看法，却又非常重视自己所属的社会群体。有一种说法是，美国人先做生意再成为朋友，而拉丁美洲人是先确认是否是朋友，然后再做生意。

撰写本书的目的是希望让读者了解并试图理解拉丁美洲国家在管理企业，尤其是管理本地企业时所具有的独特性。尽管面临重重困难，但拉丁美洲经济在这十年以及之后的十年内仍具有非常大的增长潜力。

如今，全球变暖问题和气候变化经济学成为全球关注的焦点。全球的自然条件变化对于拉丁美洲来说是一个前所未有的机遇。与世界上任何一些地区一样，拉丁美洲具备过渡至低碳经济的所有基本要素。拉丁美洲是世界上少数几个拥有巨大的热带森林、丰富的生物群系、充足的水源、可利用的太阳能和风能等新能源的地区。拉丁美洲也是世界上最大的粮食生产区域之一，通过可持续技术手段提高产能，就能使其与中国等国家进行谈判，以此建立伙伴关系以获取资源和知识。

毫无疑问，拉丁美洲面临的挑战也是巨大的，拉丁美洲各国应需加强相互间的合作以及产业政策的制定。拉丁美洲国家之间在能力和竞争力上有很大的互补性，尤其是在制造业方面，若是有规划、相互协调地进行合作就能使每个国家获益。因此，拉丁美洲极有可能成为21世纪全球工业领域的重要参与者。不过，尽管拉丁美洲是发展清洁能源最有利的地区之一，但该地区仍然没有足够的太阳能和风能。新的产业政策应当促进这些方面改良以确保低碳能源安全。同时，还需要相应政策刺激铁路运输业，鼓励生产电动汽车，减少对化石燃料的依赖，从而实现《巴黎协定》中的目标。除了国家之间的合作之外，拉丁美洲国家的私营部门和公共部门之间也应加强合作。

拉丁美洲地区实现成功发展还需解决一个非常关键的问题，那就是收入不平等。如何将大量生活在贫困中的人转变为潜在消费者，是该地区面临的严峻挑战。在拉丁美洲，每天约有5 000万人生活在饥饿中。拉丁美洲在这些方面有许多需要向中国学习的地方，如果能够克服贫困这一障碍，它将成为除发达国家外消费能力最强的地区之一。提高人口的教育水平是另一个亟待解决的问题。巴西、智利和阿根廷都有成功的经验，需要将这些宝贵的经验推广到整个拉丁美洲地区。而根据科学研究，考虑到人类大规模聚集的环境和严重影响地球生态平衡的模式，世界将在未来很长一段时间处于极易发生其他大流行病的状态，例如：新冠肺炎疫情。就居民人均死亡人数而言,拉丁美洲是世界上受此次新冠肺炎疫情影响最严重的地区之一。因此,除了生态和环境方面,不仅要优先考虑上述的社会经济问题,人们的健康问题也是需要迫切关注的焦点。

专家认为,在不到30年的时间里,巨大的变革将来自生命科学领域,例如遗传学、医学、制药,尤其是生物技术。生物技术最基本的要素是生物多样性以及对蕴含在动植物体内的活性成分的知识掌握。拉丁美洲恰恰是世界上最具生物多样性的地区之一,亚马逊和塞拉多地区的生物群落丰富,是数十万种食品、药品、化妆品、医疗和纺织产品等原料的来源地。

拉丁美洲需要明确的政策和强有力的激励措施,尤其是在回收利用,重新造林,以及生产有机的植物治疗物、化妆品和健康食品方面。这些产品的生产几乎不依赖自动化机器,相反是使用密集型劳动力。这意味着除了对抗全球变暖之外,这些行业还能创造大量的就业机会,这也是拉丁美洲地区亟待解决的问题之一。

我具有在拉丁美洲35年担任企业高管的经历,曾担任3家企业总裁以及安永多年的合伙人。这些经历使我有机会与许多家在拉丁美洲的国有企业、私营企业或跨国公司进行沟通与交流。

最后,希望通过本书能够指出在拉丁美洲企业中存在的管理和组织问题,并提出解决这些问题的办法。同时,也希望能够让读者们了解到在未来,拉丁美洲所蕴藏着的巨大发展潜力。

保罗·罗伯托·费尔德曼
2021年8月30日

目 录

I　前言

9　第一章
促进拉丁美洲发展和创新的重要因素：
文化、地理、自然资源及技术

21　第二章
经济视角下拉丁美洲及其主要国家的工业化进程

31　第三章
拉丁美洲八个主要经济体的商业环境

45　第四章
拉丁美洲的企业管理：问题出在哪里？

57　第五章
拉丁美洲大型企业主要产业及其商业环境

87	第六章
	大型企业对于推进拉丁美洲地区创新的重要性

99	第七章
	拉丁美洲科技纵览

111	第八章
	拉丁美洲企业如何变得更具创新性

121	第九章
	拉丁美洲的机遇：生物科技

127	结论

135	参考文献
140	附录　本书所涉100家拉丁美洲大型企业简介
212	译后记

| 前 言 |

如今，并非所有与国家经济发展有关的事情都可以通过传统的经济理论来进行阐释。虽然有很多因素并未被经济学家纳入考量，却对一个国家经济发展速度具有决定性的作用。例如，一个国家的历史决定了世代延续的价值观，从而进一步决定了公民的行为。换句话说，正是这些价值观决定了一个人是否愿意承担更高或更低的风险，具备更多或更少的爱国情怀，是否愿意分享利益，等等。地理位置同样影响着人们的习惯与习俗，进而影响经济发展的水平。著名经济学家杰弗里·萨克斯（Jeffery Sachs）就曾提出地理因素的重要性，认为社会学家应当花更多的时间通过地图来进行研究，以助于更好地理解经济发展的根源。

最好的证明，就是历史本身。纵观人类历史，几百年来，经济的发展始终缓慢得让人难以察觉。然而，自 1850 年开始，在工业化进程的影响下，这一情况全然改变。从那时起，世界经济几乎保持常年增长。基于稳定增长的经济所带来的物质繁荣，在较为发达的国家，使得人们对生活水平的期望也逐年提高。这场工业化革命的背后蕴藏着什么？答案是对生产力提升的追求。为了实现这一目标，许多国家以及企业都需要技术创新。换句话说，企业通过新模式开展商业活动，发布新产品、开发新服务来打压竞争对手，更好地利用资源以提高生产力。这同样也反映在国家的经济上。开发新产品、履行新实践的动力越足，经济的增长就越大。创新在经济增长中的重要作用是不可忽视的。若干年前,土地、气候与低薪酬被认为是拉丁美洲企业吸引投资与发展的手段,或者说,除了资本与就业机会,这种比较优势(comparative advantage)是创造财富的第三大基本要素。

经济学家就拉丁美洲国家经济社会发展迟缓的原因已发表了众多观点。近来,许多研究将拉丁美洲国家与亚洲国家,尤其是与中国、印度、韩国等国作比较,因此这一话题也越来越多地受到关注和讨论。在20世纪七八十年代,或者说在过去的四十多年里,这些亚洲国家积极摆脱比拉丁美洲国家更严重的经济停滞问题,努力在全球化进程中占领了重要位置。

拉丁美洲居住着世界近8.5%的人口,2011年该地区占据全球GDP的8.2%。然而根据主要国际年鉴,在全球最大的500家企业中,只有12家来自拉丁美洲,占比仅2.4%。为什么只有为数不多的拉丁美洲企业具备国际影响力?这是否是一个结构性的经济问题?虽然有不少研究从经济结构,尤其是宏观经济的角度分析拉丁美洲经济的论述,但从拉丁美洲企业与企业管理的切入点来解释拉丁美洲发展缓慢的研究却十分匮乏。正如迈克尔·波特在费尔班克斯和林赛(Fairbanks & Lindsay)的著作《海上耕耘》(*Plowing the Sea*)的前言中所述:"企业生产力是否能够提高取决于企业战略的精准化与民族企业家自我能力的提升。"正如波特指出的,"从宏观经济角度对于发展的认识已经取得了较大进展,越来越多的人也开始意识到对宏观经济的改革是必要的,但这种想法仍然不够深刻。与其同样重要,甚至更为重要的是从微观经济的角度来看待发展问题。发展根植于企业的性质以及构成企业竞争环境的制度战略、社会资源与营商规则。"

本书试图分析拉丁美洲国家发展迟缓以及拉丁美洲企业在国际上缺少话语权的缘由，同时希望引起人们对于拉丁美洲"企业管理"的更多关注。拉丁美洲是否拥有属于它自身的企业管理模式？换句话说，拉丁美洲的企业管理是否有别于北美洲、欧洲或者亚洲？本书的主要目的在于阐释拉丁美洲企业管理的方式并厘清其主要特征。

我认为目前仍然缺乏针对拉丁美洲发展缓慢的深度研究及探讨，故在此希望能够为这一话题，包括生产力以及该地区企业管理中存在的问题做出研究贡献。

撰写本书的想法来自我对企业管理能力以及国家经济发展问题的兴趣。受到迈克尔·波特的影响，每当波特谈到国家如何实现繁荣时就会指出，"任何一个国家中，如果它的企业生产力不高，那么这个国家的经济就不可能繁荣。"波特还进一步强调生产力的微观经济基础存在于两个相互内在联系的领域中：精准的企业战略管理以及营商环境的质量。

一些研究印度与中国的经济学家也强调营商环境的重要性。我非常认同印度尼赫鲁大学经济学教授阿米特·舒文·雷（Amit Shovon Ray，2006）在解释印度快速发展时着重提出的观点："……在财政领域实行先进而大胆的改革，对司法结构进行简化，推动企业现代化，强化财政与社会基础设施，让资本市场与财政机构更加灵活，并激励科技与其他科学产业发展。"

著名汉学家乔·斯塔威尔（Joe Studwell）同样强调在微观经济层面采取的措施。他指出，中国成功的秘诀就在于过去几年中建立起来的创业环境，在这一环境中，竞争力强的企业能够迅速发展，而低效率的企业则会被淘汰。中国保证法律体系独立就是最好的证明。斯塔威尔进一步强调"……中国出口的成功来源于其制造业的效率与灵活性"。长期以来,中国市场模式能够成功吸引跨国企业,得益于现行制度的清晰、准确。

当谈到宏观经济政策时,斯塔威尔提到中国政府多年以来都在研究产业链所面临的主要问题,并建立了相应的解决机制。因此,各个行业都得到了不同的政策支持。有些行业获得了财政补贴,有些则得到了财政激励,绝大多数的行业则获得了劳动力的支持。印度稳定、公开的产业政策已超过 20 年。几年前,印度政府启动了一项小额信贷计划,通过该计划,贫民可以为自己配置生产所需的机器设备(例如:缝纫机、自行车……),这项计划是过去几年印度经济年增长可达 6.0% 的主要原因之一。

综上所述,无论是在中国还是在印度,各国政府都意识到对商业环境采取行动的重要性。

有意思的是,或许是因为在过去几年中,拉丁美洲国家的通货膨胀率普遍较高,以至于现在有关经济增长的讨论都是以减少通货膨胀率作为前提,且总是围绕三个宏观经济主题展开,即用货币贬值来刺激出口、降低利率、削减政府支出。然而,却鲜有人对拉丁美洲企业的效率低下、技术水平落后、所处的价值链等同样造成该地区经济增长缓慢的原因进行讨论。有人可能会提出企业并非宏观经济环境下的产物,但正因如此,我们想要证明仍有很多方面值得改善来优化商业环境,这实际上就是微观经济学理论中最重要的议题之一。

值得注意的是,在国际层面表现突出的拉丁美洲公司(企业),即每当拉丁美洲国家的企业在某个领域中脱颖而出,往往都是一些典型的 19 世纪发展起来的行业,很少来自后来的新兴行业。拉丁美洲企业成为在饮料、水泥、采矿、渔业或者钢铁等行业的全球参与者是一件好事，但这还远远不够。先进国家在电子硬件、软件、电话、医疗设备、航空或者制药等高科技领域都有非常优秀的企业，然而为什么拉丁美洲却无法在这些领域脱颖而出，换句话说，为什么在先进技术的领域中没有拉丁美洲企业的一席之地？是什么原因使世界上的一些地区比其他地方更容易实现创新？这是一个老生常谈但非常重要的问题。戴维·兰德斯（David Landes，1998）曾提问为什么工业革命发生在欧洲，或者更具体地说，为什么是在英国而不是在其他国家发生？兰德斯本人回答这是文化、历史和地理的原因，但他强调，在19世纪中叶，英国具有越来越高的智力研究自主权，同时对当时的创造发明产生浓厚的兴趣。兰德斯认为这种发明的"常规化"最终成为推动英国科学和基础创新的动力，也让19世纪末的英国在全球经济中占据举足轻重的位置。

尽管如此，在整个20世纪，许多经济学家将经济增长归因于城市或国家所处的地理位置，例如马歇尔（Marshall，1920）就最早提出了这一观点。直到最近的15年，随着保罗·克鲁格曼（Paul Krugman，1995）、彼得·迪肯（Peter Dicken，1998）或是迈克尔·波特（Michael Porter，1993）等经济学家出版了相关著作，人们才开始关注并重视经济发展中的地理条件。有人指出，生活条件的进步和改善集中在地球的某些地区，其中大部分位于北半球。这些作者坚持认为，想要获得成功，国家就需将精力集中在具有高技术含量的生产上。一个国家将廉价劳动力或丰富的原材料作为出口中竞争性资产是毫无用途的。波特认为，这些资源很容易被别的国家获得和复制，因此，当它们成为一个领域或者企业的竞争优势时,是短暂且很快会被取代的。

对技术变革与经济发展两者间关系的研究并非一个新课题,这是 20 世纪初最伟大的经济学家之一——熊彼特(J. Schumpeter, 1943)的主要研究领域。熊彼特认为,经济通常处于资本流动的平衡状态,但是创业和创新改变了这种趋势,造成了暂时性的垄断并创造了财富。由于创新逐渐变得成熟,同时随着其他竞争者进入市场,平衡就转向了另一种形式,再次改变了当前的经济秩序。根据熊彼特的说法,创新具有一种力量,它能够改变和打破行业现有的平衡,随后带来新的可能。毫无疑问,熊彼特的这一观点依旧是十分前沿的。

费尔班克斯和林赛(Fairbanks & Lindsay, 2000)在分析了为何拉丁美洲国家发展迟缓后,清楚地指出了导致这一问题的原因:"对于拉丁美洲国家的领导人,实际上也是对于许多发展中国家的领导人来说,他们很难意识到为了改善本国企业的发展前景,政府需要主导成功的跨国公司在这个全球化市场和网络信息技术时代做出竞争性选择与战略性选择。"如今,领导者们应当学习复杂的战略理论,学习如何从企业家层面进行抉择,学习经济发展中的微观经济理论。他们还需要学习财富生成链的形成方式,需要了解跨国公司的参与方式。

总而言之,没有具备生产力的企业,就没有具备竞争性的国家。

迈克尔·波特曾对 15 个工业强国进行研究——很遗憾在这些国家中没有拉丁美洲国家。经过调查,他确认了影响经济发展的条件以及企业和政府在这一过程中各自发挥的作用。调查结果表明,对企业问题合理的处理方式在这 15 个国家开展业务中至关重要。这里举几个波特所述的这类问题的例子：生产要素的专业化，国内需求的多样化以帮助当地生产者预测国际需求；释放同一行业内公司之间的竞争关系；不同的管理模式或形成行业内核和公司集群。

波特将这种模式称为钻石模型，具体将在下一章中展开说明。

在前言的最后需要强调的是，本书的主旨是研究拉丁美洲的企业及其管理方式，目的是对拉丁美洲的影响及该地区经济发展中的管理绩效进行分析。拉丁美洲地区的经济发展取决于本地企业的管理方式及其在全球化进程中取得的成功，这是本书值得关注的地方。

| 第 一 章 |

促进拉丁美洲发展和创新的重要因素：
文化、地理、自然资源及技术

马克斯·韦伯(Max Weber,1930)早前提出的观点是：只要人民不改变他们的习惯、信仰和价值观,那么文化就会衡量、决定哪些国家会走向繁荣,哪些国家又将注定陷入贫困的深渊。韦伯认为新教伦理正是造成德国和瑞士在20世纪比西班牙和葡萄牙这样的天主教国家在经济上更成功的原因。近些年,劳伦斯·哈里森(Lawrence Harrison,2000)将人们的价值观和处世态度作为诸如拉丁美洲等地区出现持续不稳定和不平衡等现象的主要原因。

近年来,"文化多样性"这一议题被广泛关注。由于全球市场覆盖了数百个国家和不同的文化,大型跨国公司察觉到,想要在不同国家进行有效运营就需要采取不同的运营方式。

"前言"中引用了戴维·兰德斯(David Landes,1998,p.13)的观点。这位受人尊敬的经济史学家认为,如果说各国的经济发展有什么值得我们学习的地方,那就是文化产生差异。不可否认,历史和地理对一个民族的文化有着巨大且深远的影响。而文化往往难以通过法令或政府政策改变,但文化所涵括的风俗习惯却会影响经济,因此需要更为深入的研究。本章将聚焦于拉丁美洲,在这片土地上,几乎所有的经济发展模式都已经或者正在进行尝试和实验,但却没有取得任何的巨大成功。

穆达尔(Myrdal,1968,p.104)在四十多年前研究亚洲经济时曾说过,深受宗教影响的文化因素是该地区难以实现现代化的主要障碍。

本章将聚焦于文化方面的问题,我们将重点关注良好的企业管理能力。费尔班克斯和林赛(Fairbanks & Lindsay, 2000, p.112)认为,文化反映了个体在面对风险、回报、机会以及取得进步时的思考,因此是决定国家能否繁荣发展的重要因素。在本章中,我们的目标是评估文化因素如何影响公共或私人机构及企业的管理能力,从而进一步探讨文化对于各个国家经济发展程度所产生的巨大影响。

吉尔特·霍夫施泰德(Gert Hofstede, 1980)在对 IBM 员工进行规模研究时发明了一个有趣的模型。他的研究指出,工作价值观中蕴藏着文化维度因素,并且不同国家之间存在显著差异。

迈克尔·波特在研究微观经济因素对于国家经济增长和繁荣重要性问题方面拥有较多著述。他的中心论点之一为,在发达国家中最有可能成立具有全球影响性的企业。因此经济发展的核心问题在于探索国家的经济环境是否有利于这类企业的出现。

波特最关键的观点之一是,地方以及区域因素对于发展的重要性。波特指出:"讽刺的是在当今的全球经济中,地区因素变得愈发重要,在决定企业能否比其他地区的竞争者更具生产力和竞争力方面具有决定性意义。"

根据波特的理论,企业在全球市场竞争中的优势在很大程度上受到本国的商业环境影响。波特强调,国家的经济繁荣取决于微观经济基础水平的提高,而这与本地化因素密切相关,例如集群、消费者的需求类型、企业之间的竞争程度、企业采取的策略以及诸如自然资源、专有技术和人力资源这样的区域性的因素。波特所提出的模型图如下：

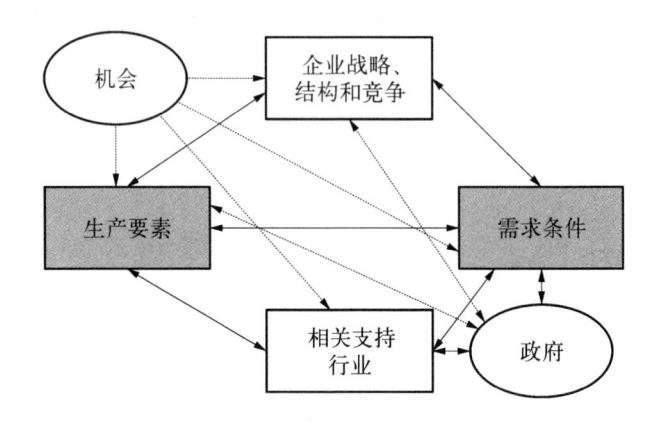

模型中的四个矩形为决定因素，政府和机会始终作为环境的一部分提供帮助抑或形成阻碍。就波特来说，决定一个国家某个行业经济成功的关键是这四个决定性因素创造出的有利条件。波特通过对十五个不同国家和地区的一百多个行业进行研究，得出的结论是，如果一个行业不能利用这四个决定因素，那么该行业便不会成功。这四个决定性因素定义如下。

一、生产要素

与国家地理资源有关，同时也指基础设施，先进和专业的人力资源以及其他必需的生产要素。波特强调，地球上许多地方都存在自然资源，因此人为完善的资源比固有的资源更为重要。比如日本在 1950 年至 1960 年间由于电子和汽车行业的繁荣，曾拥有大量的高技术工程师。毫无疑问，对于拉丁美洲来说，拥有丰富的自然资源是影响地区经济发展最关键的因素。大多数在全球具有国际影响力的拉丁美洲国家都在使用自然资源,例如巴西的淡水河谷(Vale)或墨西哥的西麦斯公司(Cemex),关于这一点我们将在本书中进一步提到。

二、需求条件

指追求创新和高质量标准的消费群体。波特认为,本国消费者可以预见全球的需求发展趋势,本国生产者也因此能够预测并满足其他国家消费者的需求。德国人对汽车和速度的需求热情就与许多成功的德国国际汽车企业有关,例如梅赛德斯-奔驰、大众、奥迪、保时捷、宝马等。

三、相关支持行业

具有竞争力的本地供应商和分销商不断创新,促进了行业现有技术和质量的不断提升。如果没有其他相关部门的支持,加快产品的投入和流通,那任何的行业都无法得到发展。意大利的制鞋业就是一个很好的例子,它在世界范围内的成功与皮革生产商、皮革和鞋类机器制造商甚至是新款计算机的设计师都有着密不可分的关系。

四、企业战略、结构和竞争

波特认为在四个决定因素中,这一因素最为关键。竞争指在某个国家中某一行业的企业之间存在的竞争程度。竞争越激烈，企业在全球市场上成功的概率就越大。除其他原因外，激烈竞争是创新和技术投资的最大动力。这样的案例比比皆是，例如美国的电脑行业，戴尔和惠普以及其他企业之间的激烈竞争最终推动了这个行业的技术进步。除了竞争以外，波特还认为在这一决定因素中，企业会使用战略和结构来进行竞争。换句话说，正是在此决定因素中，波特将研究深入企业管理问题，并指向了他著作中最重要的结论之一：国情会影响企业的管理方式。

波特在考察了不同国家经济领域后得出的结论是，不存在一个固定且统一的行政管理系统，因为每个国家在其成功的经济领域，均已为发展竞争优势进行过行政管理和组织架构调整。波特为证明自己观点举了很多案例。譬如在意大利，像服装、家具和瓷砖这样以小型企业为主的行业往往在国际市场上会取得成功，因为意大利人可以根据自己所偏好的方式来对小型企业进行管理。在德国，工程技术专业非常普遍且竞争激烈，以至于公司高管中绝大部分都是工程师。因此，德国人将更多精力放在寻求改进工艺、生产方法和产品上面，当产品制造拥有了高技术水平时，德国就拥有了成功的行业。光学工业、化学、重型机械或精密机械制造，莫不如是。当他谈到美国时，最突出强调的是该国的激烈竞争。据波特的说法，激烈的竞争导致公司间相互施压，从而带动所有企业进步，诸如"反托拉斯法"一类的北美法律，就体现了美国支持竞争的国家共识。

近年来，波特开始研究技术和地理条件之间的关系。在2001年，他与斯考特·斯特恩（Scott Stern）在《斯隆管理评论》（*Sloan Management Review*）上发表了一篇与该主题相关的经典文章《创新:地理位置很关键》("Innovation: Location Matters")。在文中,波特和斯特恩评论,通常人们将研究的重点放在企业内部环境,认为这是出现技术创新的主要因素,然而他们认为,"外部环境至少与内部环境对创新具有一样的重要性。"两位学者指出,地理位置对于创新至关重要,创新的企业管理部门必须依据企业所在的地区来设立。根据他们的观点,就创新而言,地理位置的影响力会因行业领域的不同存在很大差异。例如美国为20世纪90年代的药品创新提供了特别有吸引力的地理环境,与此同时,瑞典和芬兰在无线电话领域的创新指数取得了显著的提升。

彼得·迪肯(Peter Dicken, 1998)在呼吁人们关注地理和空间对于技术创新的重要性时,着重指出了应考虑的地区因素:

> ……地理位置在技术创新和获取知识的过程中起到关键作用。在很大程度上创新并非企业个体的结果,而是一系列在特定区域内资源、知识、投入以及能力的结合。例如大学和企业的研发,相关领域制造企业的合作,网络提供商的服务等,最终创造了规模经济,促进了知识共享和思想的交叉融合,从而也使得技术得以真正转移……

正如前文中所说,关于技术变革与经济发展两者间的关系研究并非是一个新话题,长期以来它一直是熊彼特的研究重点之一。熊彼特(1943)认为,经济通常处于资本流动的平衡状态,但是创业活动和创新改变了这种趋势,造成了暂时性的垄断并创造了财富。一段时间后,由于创新逐渐变得成熟以及随着其他竞争者进入市场,平衡就转向了另一种形式,再次改变了当前的经济秩序。根据熊彼特的说法,创新具有改变行业现有平衡然后彻底摧毁它们以替代新事物的力量。就熊彼特而言,创新不仅仅是"知识的积累",更是利用这些积累的知识将新产品或新工艺引入市场以取得经济上的成功的过程。毫无疑问,熊彼特是这一观点的开拓者,他的理念依然被广泛传播。七十多年前,他认为经济的特征在于创造性破坏的过程。因此,由于新产品或制造工艺的变化,创新型企业家可以在已知的市场中超越竞争对手。即便如此,一段时间后另一位拥有更新技术、产品或工艺的企业家将又会超越并取代其主导地位。这是经济学家首次强调了创新的重要性。

我们同样可以追溯到20世纪初俄罗斯经济学家康德拉捷夫(Kondratiev, 1925)的研究。众所周知,康德拉捷夫所提出的经济增长的周期是阶段性发生的,每一个周期持续50到60年,并且伴随着一些重要的技术变革。如表1所示,目前为止已经发生了四个经济增长周期,而我们正处于第五个阶段的中期。康德拉捷夫说,每个周期的特征在于技术变革,并对整个经济和社会产生巨大影响。根据他的说法,每一个周期都会有四个子阶段:1. 繁荣与增长期;2. 衰退期;3. 萧条期;4. 败落并被另一个新周期所取代。在这种情况下,一波新的周期将引发经济快速增长和社会的巨大变化,包括突破固有的范式及文化。但是,当一个阶段即将结束时,需求也会开始下降,并且由于大量企业间的竞争而饱和。这时候,投资也将减少,失业将会增加,企业则会专注于合理化。这也是下一波新的革命性技术浪潮开始出现的时候。表1显示了前四次周期的主要特征,而我们正处于第五阶段,仍然是信息技术周期。

表 1　康德拉捷夫的经济周期

周　期	第一波	第二波	第三波	第四波	第五波
时期	1770~1840年	1840~1890年	1890~1930年	1930~1980年	1980年至今
描述	早期机械	蒸汽机/铁路	电力	福特主义、大规模生产	信息技术
关键因素	棉花和铁	煤炭和交通	钢铁	石油和汽车	电脑、手机和互联网
受益行业	纺织和机器	航运和铁路	工程和重型设备	汽车、航空航天、能源、石油	电信、软件
集中地区	英国、法国、比利时	德国、美国、英国、法国	德国、美国、法国、荷兰、瑞士	德国、美国、法国、日本、瑞典、加拿大	日本、韩国、美国、中国、英国、法国、德国

表格中最后一行显示了哪些国家在这五个经济周期中表现优异。迪肯(Dicken,1998)在分析康德拉捷夫经济周期时强调,在每个阶段中,技术变革都占据主导地位,使得一些国家的发展快过其他国家。由此可以得出这样的结论:对于解读技术创新的方式而言,仅仅从这一个角度就足以更好地理解地理位置的问题。迪肯之所以如此强调这点,是因为技术创新在某些地区频繁涌现,却很少出现或根本不存在于另一些地区。据他所述,地理条件与技术创新的出现相互间存在直接关联。这一点将在表2中得以证明。

20世纪50年代末,罗伯特·索洛(Robert Solow,1957)在经过分析之后观察到,美国经济增长的现象不能仅仅用资本的增长、原材料的使用或可用劳动力的增加来解释,人均收入的年增长中至少三分之一来自其他因素的影响。他的理论被称为"索洛余量(Solow's residue)"。由于这一发现,他获得了1987年诺贝尔经济学奖。后来,索洛理论变得比传统理论更为突出,低廉的薪水、丰富的原材料、廉价的资本或内部市场,这些都彻底被全球竞争所淘汰。如今,这样的竞争已被脱颖而出的国家和企业所击败,没有比创新和技术更好的武器来打赢这场竞争了。

技术对公司效益和竞争力的重要性毋庸置疑:如今新产品、新流程和新经营模式都有可能弥补企业的弱点和不足,而这些新产品则是通过创新和技术革新获得的。索洛对于国家的看法也是如此:技术极大地降低了那些曾经被视为基本生产要素的重要性。

2001年的诺贝尔经济学奖得主约瑟夫·斯蒂格利茨(Joseph Stiglitz)则表示,过去许多很重要的经济学家们的预测都失败了,他们认为经济将停止增长或增长的速度将低于人口增长的速度。根据斯蒂格利茨的说法,这些经济学家总是判断错误的原因是他们并没有考虑技术进步。有少部分经济学家谈到技术和创新对于经济增长的重要性,但更少谈论的是知识的重要性。《新增长理论》(*The New Theory of Growth*)的作者,斯坦福大学保罗·罗默(Paul Romer)的理论基本上延续了这一观点,即技术创新和知识是推动经济发展的主要动力,政府和社会则可以通过投资教育更有效地刺激增长。罗默认为知识会影响工作效率。一个工人获得的知识越少,他的生产力会越低于一个获得现代知识的工人。罗默将教育和文化议题带入经济理论中,并将其作为一个明确的可决定国家发展的参数。

以知识为基础的经济,最明显的特点不是仅仅为消费者生产了大量信息,而且以一种传播的方式使用知识,将知识作为了整个经济中的投入和产品。

　　知识以不同的方式发挥它的作用,从农业革命到今天,从长远来看,知识一直是经济增长的主要来源。不同之处在于,信息技术允许更多的信息以数字方式编码,以较低的成本为远距离提供便利,从而加速了以知识为基础的经济的转变和发展。

　　波特认为,在一个特定的经济领域,一个国家的公司之间的竞争越激烈,这个公司在全球取得成功的机会就越大。其中一个原因是,激烈的竞争是出现新的革新和技术投资的最大动力。现有的例子有很多,但只强调一个,我们可以谈谈美国的个人电脑行业——制造商之间的激烈竞争最终在同一时间促进了所有的技术进步。

| 第 二 章 |

经济视角下拉丁美洲及其主要国家的工业化进程

拉丁美洲拥有丰富多样的政治文化和社会经济结构,从格兰德河一直延伸至南极洲,占地面积超过 1 800 万平方千米,人口超过 5 亿。拉丁美洲的 33 个国家尽管存在着许多差异和矛盾,但这些国家也面临着极为相似的挑战。拉丁美洲地区有 1 亿的贫困人口,散布在各个拉丁美洲国家。社会不平等、腐败等问题也在拉丁美洲非常普遍。拉丁美洲地区国家的经济历史几乎是相通的,从 20 世纪 60 年代的"进口替代"发展模式,到 70 年代的恶性通货膨胀,再到 80 年代的低通胀,以及 90 年代外债的解决方案,所有这些问题都或多或少在几乎所有拉丁美洲国家中出现,并且还是同时发生的。

但拉丁美洲并不是一个次发达国家的同质群体。殖民地的经济结构和独立后融入国际市场的方式造成了各国的重大差异。阿根廷、巴西和墨西哥这三个国家能够实现其他极度依赖第一产业的拉丁美洲国家无法企及的工业发展。智利的发展也十分显著,但它的发展却几乎都基于其自然资源。

拉丁美洲沦为殖民地的这段历史,尤其在 17 世纪和 18 世纪,使得剥削利用和营利主义给社会留下了直到今天都难以磨灭的伤痕。殖民者强占通向城市的港口附近的位置,然后利用最好的土壤来种植出口的商品,而最差的土地则留给当地居民种植食物。也是从那时起,开始出现企业出口原材料并从他国进口制成品的现象。

殖民给拉丁美洲所带来的另一项"遗产"是大量的农村土地集中在少数人手中,这就是著名的"拉丁美洲大庄园制(latifúndios)"土地占有制,这种制度使得该地区长期缺乏食物种类,数百万的乡村居民没有可耕种的土地。

直至19世纪上半叶,大多数拉丁美洲国家仍旧是西班牙或葡萄牙的殖民地。即使在这些国家独立前,经济上它们仍隶属当时世界的经济强国——英国。一些国家在政治上独立不久后,英国就占领了一些老牌的大城市,用极为低廉的价格使其成为拉丁美洲主要的出口地。同时,英国也成为向拉丁美洲出口昂贵制成品的主要供应商。根据加莱亚诺(Galeano,1997)的说法,拉丁美洲是被切开的血管:"几乎所有的东西,水果、矿物、劳动力和消费力,以及丰富的自然资源和人力资源都被绕道送至欧洲或美国。各国之间的分工使得一些国家常常处于不败之地,而另一些则长期沦为输家。对于拉丁美洲来说,从很早之前开始,自欧洲人为了寻求美洲文明的财富开始海上冒险以来,它就一直处于失败的地位。"

到了20世纪,英国在经济和军事方面的力量都有所削弱,美国开始承担起伟大领袖和资本主义强国的角色,加强了在整个拉丁美洲的版图扩张。尽管存在争议,但可以肯定的是,拉丁美洲曾是隶属北美洲政治和经济利益的地区。事实上,在1940年至1990年这段时期,当跨国公司的利润受到政治变革的威胁时,美国采取了各种干预措施来保护和保障北美洲的利益。

许多人认为拉丁美洲的未来将越来越受到美国的影响,并且质疑拉丁美洲的命运是否还能掌握在自己手中。诚然,美国与拉丁美洲间的关系类似于日本与亚洲发展中国家的关系,而后者在很大程度上更依赖于日本市场和资本。

数百年的殖民历史极大地加剧了社会问题,最主要的特征之一是巨大的不平等。在发达国家中,人口中最富有的10%的人,通常拥有25%的国民收入;而在拉丁美洲,10%的富人却拥有国民收入的40%,有些情况下甚至接近50%。另一方面,发达国家60%最贫困的人中拥有国民收入的30%至40%,而在拉丁美洲这一比例还不到20%。

当我们看到拉丁美洲人民的生活条件时,这种不平等现象仿佛就是一场悲剧。诸如识字率、每日热量消耗、预期寿命等生活质量指标中,拉丁美洲仅仅好过非洲。

尽管贫穷在整个拉丁美洲蔓延,但在几个社会指标极其夸张的国家中,这种状况更为突出。在海地,人们的预期寿命不超过62岁,婴儿的死亡率达到8.7%,文盲更是普遍现象,占比超过55%的成年人口。在玻利维亚,人们的预期寿命为66岁,每1 000名婴儿中就有51名死亡。

尽管在拉丁美洲有着各种各样促进贸易的经济组织,例如南方共同市场、安第斯共同体、加勒比共同体和共同市场,但从各国工业发展程度来看,巴西、墨西哥、阿根廷和智利很明显组成了第一梯队。这四个国家人口仅占拉丁美洲总人口的62%,却占拉丁美洲GDP总量的76%。当然我们也可以看到其他一些类型的国家,例如依赖热带商品出口的国家(厄瓜多尔、哥伦比亚和几乎所有中美洲国家)或靠矿业和石油出口的国家(玻利维亚、秘鲁和委内瑞拉)。

许多经济学家像彼得·迪肯(Peter Dicken)或克利斯·弗里曼(Chris Freeman)一样,在对拉丁美洲地区进行研究后,认为拉丁美洲需要采取措施促进出口产业的繁荣发展。拉丁美洲的出口占世界出口比例不到3％，却占据了全球GDP的8.2％，人口比例的8.5％。更糟的是，拉丁美洲向其他大陆出口的总是价值极低的矿物商品或农产品。

虽然拉丁美洲从事农业的人口较少，但事实上，若将其与世界其他发展中国家的从事农业人口数量进行比较，农业在大多数拉丁美洲国家的经济中仍然具有非常重要的地位。这主要有两个原因：一方面，大量的农民和渔民（渔业在该地区仍然非常重要）以家庭为单位工作，仅为自身需求而生产；另一方面，在少数几家以出口商品为主的高机械化、自动化大型企业里，工人数量较少。

除了农业，另一项长期存在的重要经济活动是采矿业。在18世纪，采矿业曾是葡萄牙和西班牙为了获得财富而拒绝让拉丁美洲国家独立的根本原因之一。在19世纪，采矿亦是使整个拉丁美洲地区发生独立战争的主要原因。巴西是一个例外。巴西没有发生过独立战争，但是矿物的所有权是持续至今的问题。

在20世纪，工业化主要集中在巴西、墨西哥和阿根廷。除了少数几个国家外，拉丁美洲地区仍然没有被世界视为工业产品的供应商。

直到20世纪50年代初，整个拉丁美洲的工业发展仍然技术成熟度较低，且主要从美国和德国引进技术来增加货物的资本价值。而从20世纪下半叶开始，许多国家试图替代或者取消进口，采取了贸易保护主义措施。正是在这个时候，拉丁美洲地区的一些国家开始生产技术更为复杂的耐用消费品和中间商品。巴西、阿根廷和墨西哥基本上遵循了这一战略，在耐用品领域通过外国投资进行生产。各国政府也开始进行投资,不过并未投资于诸如原材料和基础设施这样具有长期效益的领域。尽管大幅提升了对技术的进口,但拉丁美洲国家内部却未能很好地吸收这些技术。另外,从20世纪60年代中期开始,巴西、阿根廷和墨西哥协助创建了许多具有公共性质的研究机构和研发中心。

彼得·迪肯(1998)认为,无论是亚洲还是拉丁美洲,在第三世界发展中的一个重要特征是国家具有强大的影响力。迪肯指出这样一个事实,那就是拉丁美洲国家的政府并没有像亚洲国家政府那样成功。根据他的观点,拉丁美洲难以成功的主要原因是忽略了对增加国家出口能力的关注。在亚洲,人们主要关心的是增加工业化产品的出口,而在拉丁美洲,却将重点放在了如何替代进口。

纵然拉丁美洲在过去的20年中取得了许多重要进展,其中最突出的是民主在这片土地上的广泛传播。尽管如此,许多公司的生产效率却和前几十年一样低。针对这一事实,经济学家给出了许多解释,他们往往强调引进新技术或提高工人资质需要更多的资本,却对企业缺乏组织效率或存在管理缺陷轻描淡写。拉丁美洲地区的许多企业都长期处于这种不安之中。他们已经采取了许多措施来扭转这种局面,其中一些举措则由于实施者缺乏必要的勇气而很难实行。

文化作为每个国家风俗习惯的一部分,比经济和企业管理问题更难解决。对于这一点,在20世纪90年代,弗朗西斯·福山(Fukuyama,1996)曾帮助拉丁美洲进行重要变革,包括选择重要新领导人和实践新经济模式。他对拉丁美洲提出了这样的评论:尽管采取了各方面措施并且有些变化是相对容易和有效的,但依旧存在的核心问题仍然是文化,人们的风俗习惯是使拉丁美洲国家难以实现现代化的主要原因。

现在我们将研究影响企业环境的主要因素之一,即国家的经济环境。从经济活动的角度来看,拉丁美洲的经济活动是高度集中的。

表2列出了拉丁美洲33个国家和地区的相关经济数据(参照2011年数据)。

表2 拉丁美洲国家/地区相关经济数据

	国家/地区	GDP (十亿美元)	人口 (百万)	人均收入 (美元)	人类发展指数
1	安提瓜岛和巴布达	1.187	0.088	13 552.320	0.764
2	阿根廷	447.644	40.900	10 944.712	0.797
3	巴哈马	8.074	0.348	23 175.069	0.771
4	巴巴多斯	4.478	0.277	16 148.222	0.793
5	伯利兹城	1.474	0.339	4 349.462	0.699
6	玻利维亚	24.604	10.629	2 314.826	0.663
7	巴西	2 492.908	194.933	12 788.556	0.718
8	智利	248.411	17.399	14 277.686	0.805
9	哥伦比亚	328.422	46.052	7 131.610	0.710
10	哥斯达黎加	40.947	4.613	8 876.591	0.744
11	古巴	* 114.100	11.3	* 9 900.000	0.776

续 表

	国家/地区	GDP（十亿美元）	人口（百万）	人均收入（美元）	人类发展指数
12	多米尼加	0.489	0.071	6 908.877	0.724
13	萨尔瓦多	22.761	5.904	4 424.037	0.674
14	厄瓜多尔	66.381	15.005	3 854.979	0.720
15	格林纳达	0.822	0.104	7 877.826	0.748
16	危地马拉	46.897	14.736	3 182.382	0.574
17	圭亚那	2.480	0.775	3 202.218	0.633
18	海地	7.388	10.013	737.886	0.454
19	洪都拉斯	17.381	8.215	2 115.674	0.625
20	牙买加	14.807	2.741	5 402.102	0.727
21	墨西哥	1 154.784	113.735	10 153.297	0.770
22	尼加拉瓜	7.297	5.889	1 239.182	0.589
23	巴拿马	30.569	3.590	8 514.215	0.768
24	巴拉圭	21.236	6.530	3 251.911	0.665
25	秘鲁	173.502	30.009	5 781.581	0.725
26	多米尼加共和国	57.700	10.056	5 638.692	0.689
27	圣卢西亚岛	1.239	0.167	7 434.967	0.723
28	圣基茨和尼维斯	0.715	0.056	12 728.401	0.735

续　表

	国家/地区	GDP（十亿美元）	人口（百万）	人均收入（美元）	人类发展指数
29	圣文森特和格林纳丁斯	0.695	0.110	6 342.322	0.717
30	苏里南	3.790	0.534	7 096.028	0.680
31	特立尼达和多巴哥	22.707	1.323	17 158.416	0.760
32	乌拉圭	46.872	3.369	13 914.325	0.783
33	委内瑞拉	315.842	29.767	10 610.498	0.735
	全部	5 728.603	589.577	271 028.870	

注：＊为2011年当年数据。

从表2中可以看出，阿根廷、智利、墨西哥和巴西这4个国家占据拉丁美洲GDP总值的76%，略高于4.34万亿美元。如果将国内生产总值最大的8个国家纳入考虑范围，那么还将包括委内瑞拉、哥伦比亚、秘鲁和厄瓜多尔，这些国家占该地区GDP的91%及人口的83%，换句话说，剩余的25个国家/地区的总和不足拉丁美洲GDP的9%。

| 第 三 章 |

拉丁美洲八个主要经济体的商业环境

本章通过对拉丁美洲八个主要国家具体经济情况的分析,来了解拉丁美洲的商业环境。按 GDP 规模计算,这八个国家的国民生产总值约占拉丁美洲的 91%,分别是巴西、墨西哥、阿根廷、哥伦比亚、委内瑞拉、智利、秘鲁和厄瓜多尔。

一、巴西

巴西是拉丁美洲国土面积、人口以及经济生产体量最大的国家,然而巴西具有收入分配极为集中的特点。在 10% 最富有的人中拥有超过 40% 的国民收入,最贫穷的 40% 的人口却连总收入的 10% 都达不到。巴西被认为是世界上收入分配最不平等的国家之一,类似于最贫穷的非洲国家,如塞拉利昂或赤道几内亚。值得注意的是,巴西的收入分配在 20 世纪末有更为集中的趋势,而在过去的 10 年里,收入分配又有了明显的改善。

就自然资源而言,巴西可以称得上是富裕国家,承担着越来越多农业出口的角色。巴西是世界上最大的咖啡、牛肉和鸡肉生产国,也是最大的大豆和橙汁生产国之一。巴西出售的糖几乎占世界糖消费量的三分之一。但就算在农业领域,巴西也存在分配较为集中问题,如 10% 的农村土地所有者拥有了 80% 的土地。在矿产方面,巴西拥有世界上三分之一的铁矿石储备,也是锡和铜的最大出口国之一。

巴西是钢铁、飞机、汽车、纺织品和鞋类的重要出口国,巴西的工业园区被认为是世界上最重要的十五个工业园区之一。在过去几年中,巴西已实现了石油领域的自给自足,未来或将成为重要的石油出口国。

世界经济论坛对各国竞争力所做的评价显示,二十多年来,巴西存在着一些长期不利条件,包括:企业融资困难、复杂的机构监管、严峻的财政负担、效率低下的官僚主义、腐败以及基础设施不足(主要是在运输领域)。一个值得关注的问题是,大多数企业家和管理人员缺乏在外部市场工作的能力,导致其工作重心主要集中在内部市场。而另一方面,世界经济论坛认为,巴西是拉丁美洲国家中技术水平最高的国家。

巴西是"金砖国家"成员之一,与俄罗斯、中国和印度这几个国家相比[1],巴西在消费市场的增长潜力尤为突出。在过去几年中,巴西中产阶级人数大幅增长,从2003年的33%增长到2008年的54%。15年的时间,巴西从占世界GDP比重不到1%上升至3.3%,取得了巨大的进步。

与金砖国家的其他成员国相比,巴西是一个极为多元化的经济体,对进出口的依赖程度较低,这确保了巴西能够更加从容地应对诸如2008年金融危机这一类事件。

基础设施的不稳定经常被认为是阻碍巴西实现进一步经济增长的瓶颈之一。据估计,如果目前存在的运输问题能得到妥善解

---

[1] 南非后来于2010年加入金砖国家。——译者注

决,农业综合企业的销售额将有望提升。

当前,巴西面临的最棘手问题是腐败问题。在"透明国际"(Transparency International)的年度排名中,巴西长期以来是世界上最腐败的国家之一。法院系统的运作方式也是巴西发展的另一个负面因素,它也是阻碍外国投资进入巴西的原因之一。巴西过度的官僚主义问题同样严峻。尽管前总统卢拉拥有强大的公众支持,但他并没有进行国家所欠缺的重要结构性改革,如政治改革、税收改革和劳动改革等。

教育是另一个亟待改善的领域。尽管在学校就读的儿童数量有了显著增长,达到了学龄儿童的96%,但事实上巴西的教育质量普遍较低,逃学现象依旧严重,文盲率仍在9.6%左右。18到24岁的大学生人数也很少,他们中只有15%的人进入大学学习,这是拉丁美洲大国中最低的指数之一。

但在未来几年,除了巨大的国内市场,巴西最有潜力的领域或许是能源行业。今天,巴西是世界第十三大石油生产国和第七大石油消费国。巴西被视为是一个新兴能源大国的原因众多,其中最主要和最重要的原因或许是巴西国家石油公司(Petrobras)在巴西海岸发现了巨大石油储量。另一个原因是巴西在可燃物行业中享有的优势,巴西在乙醇方面的地位超过任何其他国家,自从乙醇汽车投入使用以来,在生物燃料方面,巴西是世界上唯一在该领域拥有超过35年经验的国家。

许多人还将巴西视为世界环境保护大国,因为它拥有世界上最大的热带雨林,最大的生物多样性保护区以及最大的淡水保护区。除此之外,由于拥有丰富的淡水资源,巴西有一个基于水力发电的清洁能源矩阵。

二、墨西哥

在分析墨西哥的商业环境时,有一些问题值得关注。例如公司融资困难,腐败现象增多,以及地理位置上邻近美国为该国带来了许多益处,等等。1992年签署的《北美自由贸易协定》(NAFTA)消除了美国、加拿大和墨西哥之间的商业壁垒。廉价的劳动力使许多北美公司在墨西哥建立工厂,为出口奠定了坚实的基础。但不幸的是,这把双刃剑也使墨西哥在近年来发生了巨大变化。受中国市场以及中国比墨西哥更为廉价劳动力的吸引,许多美国的重要企业又纷纷迁往了中国。

石油是墨西哥主要的出口产品。20世纪70年代,在全球经济"价格冲击"的影响下,石油的勘探得以发展。墨西哥并未加入欧佩克(OPEC),因此可以自由决定自己的生产水平。如今,墨西哥已跻身世界十大石油出口国之列。墨西哥国家石油公司(PEMEX)被认为是世界第四大原油生产商。除了石油,墨西哥地下还有着其他丰富的矿产资源,是世界上最大的白银生产国,第七大锌生产国和第七大铅生产国。在石油强有力的影响下,墨西哥的化学和石化工业也很发达。

另一方面,由于墨西哥只有11%的土地适合农业种植,限制了该国的农业生产。墨西哥主要农产品是玉米、豆类、红薯和木薯。即便如此,墨西哥在全球范围内仍是第十大肉类和渔业生产国。

重要的是,墨西哥拥有强大的城市经济,吸收了大约80%的经济活跃人口。它拥有仅次于巴西的拉丁美洲最大的工业园区,在电子、纺织、制鞋、汽车制造业领域尤为突出。

1992年,作为北美战略的成果,墨西哥加入《北美自由贸易协定》(NAFTA),旨在稳定南部边境的移民流动以及利用墨西哥的低成本劳动力。二十多年过去了,可以看到整个墨西哥经济都强烈依赖于北美经济。墨西哥超过85%的出口都流向了美国,但由于亚洲国家尤其是中国的竞争,其廉价劳动力的优势逐渐减弱。

《北美自由贸易协定》使墨西哥的工业空间发生极大变化。在北部边境,布满了汽车主机厂和汽车零部件的装配厂,这些工厂获取零部件,之后将成品运输到边境以外,因此被称为"边境加工厂(maquiladoras)"。这些工厂与北美和日本的大型汽车跨国公司联系紧密,使用进口零部件、雇佣墨西哥临时合同工人,其最终产品几乎都是运往美国。"边境加工厂"影响了《劳动法》的修订,使得保护工薪阶层权利的法律大幅减少。墨西哥几乎一半的出口都与这类公司相关,其经济中最强大的行业基本上都为在该国的北美公司服务。

得益于加勒比海和太平洋的美丽海滩以及靠近美国的地理位置,墨西哥吸引了大量游客,它也是所有拉丁美洲国家中,从旅游业中获益最多的国家。

中国的经济增长几乎影响到所有国家,一些国家正担忧中国的快速发展会进一步对他们产生更大影响。即便在美国,自2003/2004年以来,对于美国本土的工作岗位被转移至中国的问题也被列为重要讨论范围。但实际上,受影响最大的国家其实是墨西哥。据《华尔街日报》的卢诺(David Luhnow)报道,2002年至2005年期间,由于中国取代美国成为世界第二大出口国,据估计墨西哥已经失去了大约40万个工作岗位,仅在2002年的出口就损失了约58亿美元。

有趣的是,在20世纪90年代初,许多北美企业曾因为低廉的劳动力成本而将业务转移到墨西哥,因此两国之间的边界区就被称为"边境工厂"区。而在20世纪90年代末至21世纪初,较低的劳动力成本又将他们的业务带到了亚洲。现在,由于中国劳动力成本的增加,未来几年内北美企业重返墨西哥的前景还是十分乐观的。

但墨西哥需要解决其邻国美国带来的两难:一方面,它需要与这个世界最大的消费市场保持紧密联系,销售其产品并提供其服务;另一方面,它还需要找到另一种方法,能够使其产业与外国产品相互竞争。

三、阿根廷

阿根廷的教育水平高于拉丁美洲平均水平,接近发达国家,文盲率是拉丁美洲最低的国家之一,劳动力素质较高。

从国家基础设施的角度来看,阿根廷拥有一个分布合理的运输系统,全国公路网的延伸里程超过4万公里,其中近80%的公路铺设良好。阿根廷的铁路系统是世界上覆盖面最广的铁路系统之一,全长3.5万公里。此外,该国在大西洋沿岸有38个港口和25个内河港口。

尽管阿根廷是一个城市化和工业化的国家,但其工业保障完全来自农村地区,产业结构在很大程度上依赖于庞大而差异化的食品加工部门,特别是肉类衍生品产业。除此之外,该产业极其依赖外国技术。出口产品主要销往巴西和其他拉丁美洲国家。阿根廷最大的工业园区位于布宜诺斯艾利斯,那里主要的制造行业包括:钢铁工业(需要进口原材料)、汽车装配厂、造船厂、炼油厂、以羊毛羊绒制成品为主的纺织业、主食品工业。总体来说,这个国家石油自给自足,矿产资源也较为丰富。

农业对于阿根廷来说非常重要,占该国出口总量的三分之二。得益于肉类及其副产品的冷藏和加工技术,阿根廷生产的牛肉和羊毛在世界位居前列。牛肉是阿根廷饮食文化的一部分,一天三餐中几乎都可以看到它的身影。因此,阿根廷人开始关注肉类产品的健康问题,肉类供应商则逐渐倾向于投资更健康的肉类研发。这对阿根廷肉产品的国际化起到了决定性的作用:如今阿根廷肉类成为该国的主要产品。

除了肉类外,在阿根廷出口品中排名紧随其后的是小麦和玉米。阿根廷拥有世界上最肥沃的土壤之一,加之超高的生产力,使其成为谷物出口大国。阿根廷也是世界上最大的豆油出口国之一,占据世界一半的豆油市场。

在国际农业领域,几乎所有重要的企业,例如邦吉集团(Bunge)、嘉吉集团(Cargill)和雷普索尔(Repsol)都在阿根廷。阿根廷也是使用转基因种子的最重要国家之一,其种植面积仅次于美国。孟山都公司(Monsato)在转基因技术开发领域上对阿根廷进行了巨大投资。

从世界经济论坛每年就世界主要国家的竞争力所做的评估来看,阿根廷并没有得到充分评估。在与该国企业家和企业高管人员的访谈中,我们了解到主要的问题在于税收负担增加、融资困难以及腐败问题加剧,而良好的劳动力素质是该国的优势之一。

四、委内瑞拉

从商业环境的角度来看，在 1998 年查韦斯（Chavez）首次登上政治舞台后，委内瑞拉经历了一次彻底的变革。在查韦斯之前，委内瑞拉曾被视为一个接受外国投资的安定国家，与美国保持着良好关系。

无论人们是否认可查韦斯时期的改变，总统与反对派之间存在着巨大的两极分化，造成了政治不稳定的形象。由于人民对该国制度缺乏信赖，国际投资者将委内瑞拉视为巨大的投资风险。2013 年年初，查韦斯去世，这个国家的未来变得更加难以预测。

从经济角度看，委内瑞拉极度依赖石油出口。委内瑞拉的市场并不具吸引力，并且像该国的其他市场一样，在很大程度上都依赖于石油工业。

委内瑞拉的精英阶层安于现状，并没有寻求经济多元化，也没有为发展其他具有更大竞争优势的行业打下基础。委内瑞拉需要尽快在社会保障和税收等领域进行结构性改革。委内瑞拉具有靠近美国和欧洲优越的地理位置，此外，该国基础设施良好，道路建设较为现代化且电能相对便宜。

委内瑞拉是拉丁美洲地区城市化率最高的国家之一：全国有 90% 的人生活在城市，而 80% 却为贫困人口。在很长一段时间里，广阔的油田孕育了委内瑞拉想要成为大国的梦想。自 20 世纪 30 年代以来，石油收入至少占该国收入的一半。石油工业之后，委内瑞拉的化学工业园区和第三产业也随之出现。拥有世界上最大石油储量的委内瑞拉，与沙特阿拉伯、伊朗、伊拉克和科威特在

1960年成立了石油输出国组织欧佩克（OPEC）。

委内瑞拉大型国有石油公司之一——委内瑞拉国家石油公司（PDVSA）负责该国90%以上的石油出口，占政府一半的收入。该公司有11万名员工，石油日产量超过330万桶。委内瑞拉国家石油公司对于该国经济举足轻重，影响着该国生活的方方面面。有趣的是，该公司大约一半的出口产品销往美国。

石油工业的成功影响着委内瑞拉另一个重要工业领域，即塑料行业。这一行业主要由中小企业组成，创造了大约1.5万个就业岗位。委内瑞拉同时也是世界上最大的铝生产国之一，很大一部分原因在于该国的电力价格非常便宜。

委内瑞拉主要出口的农产品是咖啡。

五、哥伦比亚

哥伦比亚多年来一直卷入与哥伦比亚革命武装力量（FARC）的内战。现在这场战争已基本结束，但由于对抗武装力量产生的巨额政府开支以及不同时期的暴政所产生的负面影响，导致国家的发展仍旧十分艰难，阻碍了哥伦比亚在经济方面的飞跃前进。

哥伦比亚以其优质的咖啡闻名于世，而更出名的或许是强大的贩毒集团。尽管哥伦比亚的可可叶产量占全球产量的10%，但美国和欧洲80%以上消耗的可卡因是在该国生产的。这些直接或间接与可卡因出口有关的活动占据了绝大部分的哥伦比亚经济，并且难以区分其合法性。据估计，可卡因贸易的收益约占该国国内生产总值的一半。哥伦比亚最大的投资者是与毒品有关的联合企业，它们为农业、工业和金融部门注入了数亿美元。

哥伦比亚的对外贸易结构具有第三世界国家缺乏工业化的特点：农业原材料占出口产品的绝大部分，尤其是咖啡出口，占哥伦比亚出口量的五分之一。而与此同时，越南逐渐成为低成本生产国，巴西的生产效率也不断提高，这种趋势使咖啡的国际市场竞争更为激烈。此外哥伦比亚还是世界第二大鲜花出口国。

采矿业对于这个全球最大绿宝石生产国来说非常重要。它的煤炭储量为拉丁美洲之首。但是，稀有贵金属的开采却由少数人管理，且极少使用较为复杂的技术。

哥伦比亚的产业结构是技术发展水平较低国家的典型案例，该国工业与农村息息相关：超过三分之一的工业生产来自食品业，大约六分之一来自纺织部门。尽管如此，值得注意的是，大量的油田为正在扩建的化工石化园区提供了资金支持。石油占据了该国一半以上的出口，哥伦比亚是拉丁美洲第四大石油生产国（仅次于委内瑞拉、墨西哥和巴西）。

六、智利

根据世界经济论坛对拉丁美洲国家竞争力的评估，由于稳定的宏观经济和有效的公共机构，智利多年以来一直是拉丁美洲地区拥有最佳商业环境的国家。在过去的20年里，关税壁垒也有了显著的降低。在20世纪90年代的十年里，智利几乎一直是拉丁美洲地区人类发展指数（HDI）最高的国家。这在一定程度上要归功于智利良好的教育系统，18岁至24岁的青年中有55%就读过大学。婴儿死亡率这一指标达到了较发达国家水平（8/1 000）。

智利是世界上最大的铜出口国，占国家出口量的53%以上。

除了铜，水果、木材和鱼类在出口中也发挥重要作用，达该国 GDP 的 25%，也是拉丁美洲此类产品出口比例最高的国家之一。得益于宜人的气候，智利盛产各类水果。在过去几年里，智利水果的出口大大增加，每年超过 10 亿美元。葡萄酒的生产也日显重要，智利拥有世界上最古老的葡萄园之一——甘露酒庄（Concha Y Toro），其出口已遍及全球各大洲且在逐年增加。如今，智利已成为拉丁美洲的主要鱼类生产国，其中三文鱼尤为突出。目前全世界 20% 的三文鱼都产自智利，仅次于挪威。

除铜以外，智利还是钼、铁、镁、铅、金、银、锌等多种矿物的生产大国。

然而该国的制造业并不强劲，近年来已在加工食品、纺织品以及一些冶金产品出口方面有所突破。

智利几乎有一半的领土是森林，因此它也是纤维素产品的生产国和出口国。

铜和纤维素工业的发展催生了高度发达且专业化的海上运输部门。在四个最具竞争力的航运公司中有三家来自智利，分别是 Compania Sudamerica de Vapores、Empresas Navieras 和 Interoceania。海军的发展也使改进捕鱼船队成为可能，这为该国成为一个鱼类出口大国也发挥了有益的作用。

七、秘鲁

秘鲁通过出口原材料和农产品进入世界市场。金、铜、银、锌和铅的出口额占出口总额的 50% 以上，仅黄金就占出口的 25% 以上。有趣的是，秘鲁是全球黄金生产成本最低的地方之一，是世界上第二大白银生产国。此外,秘鲁还是最大的国际鱼类生产国和出口国之一,鱼类和鱼粉出口占比为20%。

秘鲁的经济模式处于初级水平,以矿产和鱼类勘探为主。秘鲁是世界上最大的鱼粉和鱼类出口国,生产渔产品的属于一家秘鲁国有公司。在农业方面,可可、小麦、玉米、咖啡和甘蔗的生产较为突出。秘鲁是世界上第二大白银生产国和第四大铜生产国。

秘鲁的产业发展并不发达,并且主要集中在对国家自然资源的转化上,主要的行业是纺织、鱼类罐头食品生产以及珠宝。

秘鲁特有的且对该国经济非常重要的一项活动是羊驼的养殖。羊驼是绵羊在安第斯山脉的近亲,它的羊毛是世界上最柔软的羊毛之一,其主要聚居地集中在秘鲁的南部。但秘鲁基础设施薄弱,导致前往该地区难度较大。又因为缺乏技术研究,羊驼毛在国际市场上的价格优势受到严重阻碍。秘鲁羊驼毛具有很大的国际竞争潜力,可以与中国羊绒一较高下。

旅游业也受到基础设施薄弱的影响,尤其是在高速公路和交通运输方面受限。在西班牙人到来之前,该地区长久保留的印加文化使秘鲁拥有大量的历史遗产。尽管基础设施薄弱,但马丘比丘地区仍然是南美洲接待国际游客最多的地区之一。

八、厄瓜多尔

作为拉丁美洲最小的国家之一,厄瓜多尔是一个安第斯共同体国家,其经济结构与其主要邻国哥伦比亚和秘鲁相似。厄瓜多尔一直是一个以农业社会为主的国家。在19世纪,它最主要的出口产品是可可。在20世纪中叶,开始转向以香蕉出口为主。第二次世界大战以后,厄瓜多尔成为世界上最大的香蕉出口国。除了可可和香蕉,咖啡也是厄瓜多尔出口的重要商品。随着20世纪70年代厄瓜多尔发现了油井,自然而然石油也成为该国出口的主要产品。如今,厄瓜多尔的经济已经以石油为基础,石油是其第一大出口产品。但该国的工业化程度很低,且主要集中在食品加工行业。在石油被发现后,涌现了一些石油化工企业和塑料工业企业。厄瓜多尔的亚马逊地区有很多石油储备区。然而事实上,石油的日产量很少(接近50万桶/天)。不过在建立小型工业园区后,几乎可以出口所有的石油。

从民族文化分布的角度来看,厄瓜多尔是一个以土著和混合民族为主的国家。

| 第四章 |

拉丁美洲的企业管理：
问题出在哪里？

拉丁美洲的企业结构类别繁多。从整体上来看，拉丁美洲国家中通常更具活力的行业均由外国企业主导，这些企业的组织形式和管理风格都符合各自的社会环境。本书中将讨论的企业类型不是外企，也非国有公司，我们最需要考虑的是拥有本地资本的私营企业。虽然存在着一些优秀案例，但更多拉丁美洲企业的管理模式仍然存在着许多令人担忧的短板与不足，需要进行相应调整，这些将在后文中具体展开。

一个最具代表性与问题性的特点是，拉丁美洲的大型企业几乎全部掌握在单个股东或个人手中，在很多情况下掌握在一个或两个家族手中。这导致了企业在业绩管理上的松懈和对管理专业性的缺失。换言之，这些股东在许多时候掩饰了业绩，因为他们就是企业高管。另一个常见的现象是，企业所有者未能明确区分公司和家族的界限。与美国的情况相反，在美国，大型企业的资本较为分散，少数股东为了稳定的业绩会施加压力。在拉丁美洲公司中却难以划分管理层和执行层。即便在一些管理层与执行层划分较为明确的大型企业中，管理和责任的归属问题也十分模糊。在大部分北美企业，由于股份分散，我们很难分清谁是企业的所有者，但在拉丁美洲的企业中，通常只有一位。"企业所有者"的心态使得他们不愿意以分配红利的形式获益，而是更偏于间接获益，例如，建立私人公司作为整个集团的供应商。为此，同一集团内子公司之间的转让服务过程通常由控制集团控股的个人（大股东）决定，这或将损害企业的盈利能力。通常情况下，小股东受到保护较少，因此最终会阻碍股票市场的发展。为了在国际市场上生存、提高效率，拉丁美洲的公司需要以最专业的方式进行管理，全球化对家族企业造成的负面影响往往远胜于非家族管理的企业。

这并非是拉丁美洲和北美企业管理方式之间存在的唯一差异。另一个区别属于哲学范畴，与企业在两个地区的经济发展中所起的历史作用有关。在美国，企业和高管占据了主导地位，即使在18世纪和19世纪，美国在整合领土的过程中，几乎所有大型铁路也都是私营的。而在拉丁美洲，主要国家的殖民、征服和领土一体化都是在国家的保护下进行的，完全没有私营力量的参与。换言之，如果美国曾被西班牙或葡萄牙殖民，这一过程也将完全由政府进行、植入和运作。一些具有企业家精神的商人，如巴西马瓦男爵（Baron of Mauá），受到当时其他商人的排挤，甚至遭到帝国的抵制。这种意识形态始于18世纪，受葡萄牙和西班牙王室的影响，并延续至各国取得政治独立之后。

殖民造就的这种文化特征一直延续到今天，即拉丁美洲的私人投资者只会跟随政府的脚步行动。正如林赛和费尔班克斯（Lindsay & Fairbanks, 2000）所定义的那样，家长式作风不仅仅是这一个特征，"在涉及自家企业时，拉丁美洲商人常常会向政府提交高度复杂的决定"。经常有说客和组织向政府施加压力，甚至不惜货币贬值，要求获得关税保护，以阻止进口产品进入。林赛和费尔班克斯强调，政商关系在该地区是一个至关重要的因素，政府被动地让某些公司或部门获得竞争优势，而这些竞争优势又往往很快消失。

福山(Fukuyama, 1996)在提到对国家影响最大的三种社会时，排除了所有社会主义国家，列举了法国、墨西哥和巴西，并强调即使在国家势力强大的日本，与其他三个国家（其中两个国家是拉丁美洲的领导者）相比，现实的驱动力也总是有限的。

其他作者也已经对国家和企业家之间的关系做出相应分析。在劳伦斯·哈里森和萨缪尔·亨廷顿(Lawrence Harrison & Samuel Huntington)主编的《文化的重要作用》(Culture Matters)一书中，卡洛斯·阿尔贝托·蒙塔纳(Carlos Alberto Montaner)在其所写的章节中对拉丁美洲"精神"进行了描写。蒙塔纳描述了拉丁美洲精英的行为，尤其是那些企业家的角色。他认为，拉丁美洲企业家的一个主要特质是更倾向于发挥政治影响力，而非参与市场上的竞争。一个典型的特征是寻求政府的支持。工业部门的企业家和主管人员如果致力于有效提高其公司的生产力，则应更妥善地利用好与国家机关及主管部门进行直接沟通的机会。

在很多情况下，这种政治影响力是通过一些非正规的途径进行的。根据蒙塔纳的说法，企业家通过贿赂公务员以获得关税豁免或是利率补贴甚至是市场储备都是常见现象。然而这些短暂的优势最终无法与企业的有效竞争优势和长期优势相匹配。蒙塔纳强调，腐败问题并非拉丁美洲独有，但腐败在拉丁美洲地区频发的根本原因是有罪不罚，这种现象让人非常担忧，因为各拉丁美洲国家似乎没有意识到这种情况会最终在多大程度上阻碍其获得和消费商品与服务。

另一方面，当企业出现问题或走向失败时，他们会最先将矛头指向政府。事实上，这与林赛和费尔班克斯定义的拉丁美洲企业家的特征是一致的：他们总是处于防御状态，从不承认自己或企业的错误。如果出现问题、损失或失败，首先将失败的责任归咎于政府或者供应商、工会、分销商甚至客户，而不是企业的股东或高管。于是大多数的拉丁美洲企业失去了检验公司竞争力的大好机会，他们并没有意识到将企业置于了危险境地，也没有意识到企业缺乏以合理价格生产出符合消费者需求及期望的高质量产品的能力。

总是将自己的缺点归咎于他人，这确实是拉丁美洲一个重要的文化特征。兰德斯（Landes，1998）甚至讽刺说，就经济理论而言，拉丁美洲最成功的输出是社会学家费尔南多·亨里克（Fernando Henrique，1979）当时所倡导的著名的"依赖理论（Dependence Theory）"。这一理论将拉丁美洲问题的根源归咎于北美和欧洲的发达国家。根据兰德斯的说法：这种理论助长了病态思维，即把责任归咎于所有人而非有责任的人。

除了前面提到的方面，林赛与费尔班克斯在书中还讲到拉丁美洲企业管理方式的其他重要缺陷。分别为：

1. 过度依赖基本要素。拉丁美洲地区的企业家们倾向于使用拉丁美洲丰富的自然资源、原材料和廉价的劳动力等，将这些作为出口市场优势的主导因素，因而并不会为"创新"创造条件。在这一观念下，拉丁美洲企业不断被亚洲或非洲国家超越，因为这些国家可以用更低廉的劳动力或是更低价格的自然资源进入国际市场。如今，新的竞争范式是建立在企业创新能力的基础上的。不幸的是，在这方面能列举出的成功拉丁美洲企业的例子却少之又少。

2. 企业之间缺乏合作。拉丁美洲地区没有企业合作的文化。相反，像意大利这样具有集群或工业团体的国家，往往可以促进和鼓励企业联合起来，共同寻求国外市场、成立新品牌或共同投资研发，等等。而拉丁美洲的企业家们通常只知道将目光放在如何消灭他们的竞争对手上。由于拉丁美洲盛行保护主义文化，企业总是将当地竞争对手视为危险的敌人，在每个领域树立起互不信任的风气，从而扼杀了任何合作的可能性。在阿根廷、巴西和墨西哥的汽车装配厂及汽车零部件供应商的关系中，此类情况较少存在，这样的例外很可能是因为这些行业是由外资占主导地位的。

3. 缺乏对客户的了解。对于拉丁美洲企业来说，通常是在开始生产后再来检验顾客的产品需求。拉丁美洲企业很少提前进行战略规划来决定如何以最好的方式来提供服务。

4. 缺乏与价值链的整合。这是主要的缺陷之一，也是拉丁美洲公司尝试走向全球市场却失败的最大原因之一。拉丁美洲地区企业常受到分销商或中间商的影响，无法与最终消费者建立直接联系，实际上忽略了价值链中最接近消费者的企业能够拥有的更大影响力。

在拉丁美洲，把生意与友谊混为一谈是常见现象。有时合同的重要性还不如口头承诺。在美国有"律师"崇拜，他们会将所有细节写入合同中，而在拉丁美洲是"个人"崇拜，换句话说，一切都取决于与谁进行谈判。因此，合同在拉丁美洲的重要性不如美国。实际上，在拉丁美洲，人际关系通常极为重要。海克逊与保尔（Hickson & Pugh, 1995）强调说，拉丁美洲行为的主要特征是广泛的人际关系网络，这也影响了拉丁美洲地区企业的管理方式。家庭和友谊是拉丁美洲人民最主要的价值观之一。拥有人际关系或家庭关系使企业的部门划分更容易处理。与北美相反，拉丁美洲对个人竞争持消极态度，但对他们所属的社会群体却极为重视。

有一种说法是，与美国人首先做生意，之后可能的话再成为朋友，而和拉丁美洲人首先需要与他们成为朋友，然后再做生意。

根据海克逊与保尔的说法，拉丁美洲在企业管理方面具有以下五个特征：

1. 以短期结果为导向的快速管理，强调危机解决。这是在巴西针对该国管理所作的特征分析后得出的结论，例如，在贝塔尼亚和普拉特斯（Betania Tanure & Marco Spyer Prates，1998）合著的《巴西的管理方式》（*The Brazilian Way to Manage*）一书便提到这一观点。

2. 缺乏战略规划，并且在战略和运营层面的规划存在差距。

3. 决策集中在高层，各层级之间沟通不畅，责任与权力明显不兼容，但体制又极为专制，下层普遍倾向于把决策权交给上层。

4. 难以沟通和解决冲突。

5. 组织结构层级过多，制度过于细分，欠缺整体性。

针对最后一个方面，需要强调的是在拉丁美洲地区的企业中，很多时候充斥着非必要的员工和等级制度。显然，这种决策层次的多样性是需要付出代价的。除了职能叠加（许多人的工作实际上仅需一人就可完成）之外，还损害了业务的灵活性，助长了官僚主义，在总部与基础业务之间产生不必要的隔阂。在过去，低成本的劳动力时常会阻碍自动化进程或更现代的技术。如今，随着自动化设备的价格在全球范围内的大幅降低，企业纷纷希望赶在竞争对手前实现流程自动化，因此拉丁美洲也无法再依靠长久以来的廉价劳动力这一优势。然而许多人还没有意识到这一新的事实。

2003年巴西媒体公开安永会计师事务所（Ernst & Young）的

报告,其中提到了一项研究,该研究强调缺乏逻辑性是拉丁美洲企业的重要特征之一,大量不必要的工作和岗位上过多的员工大大超过了应有水平。值得注意的是,这份报告比较了拉丁美洲地区的企业,其中许多结论和林赛与费尔班克斯的观点一致,不过仍然有五个新方面被提及,它们分别是:

1. 金融体系薄弱,难以提供所需资本。因资本市场较小,通常银行不会提供长期融资,这使得投资难以实现。此外,由于极高的利率与较大的风险,信贷的可行性较低。

2. 企业文化少,且不注重创新。在科学技术或是研发方面的投资几乎是微乎其微的。对于这一问题的解释是文化秩序与被动接受,拉丁美洲的创新通常都来自国外。

3. 拉丁美洲企业缺乏融合,难以成立具有国际竞争力的企业。相反,拉丁美洲的企业正在被其他大型国际集团所收购。由于害怕失去企业的掌控权,企业家们并不愿与合作伙伴或竞争对手建立联系,导致最终没有足够的规模来对抗欧洲、亚洲或北美的跨国公司。

4. 没有国际知名的品牌。没有品牌,就没有营销。作为出口商,拉丁美洲企业选择将产品分销给中间商,致使最终进口的产品成了中间商的品牌。橙汁就是一个典型的例子。尽管巴西是全球最大的橙汁生产国,占美国商业果汁市场份额的 60% 以上,然而并没有任何一个巴西品牌在该市场上注册。在工业化国家,产品的中间制造商从来不会忽略品牌问题,英特尔就是一个很好的例子。

5. 缺乏在国外市场的管理能力。很多时候,高质量、价格有竞争力的产品由于未能掌握客户的语言、风俗习惯、进口国的法律,甚至因为出口管制等问题而无法出口。直到最近,许多拉丁美洲国家才开始注意到各国政府在这方面对企业家缺乏引导支持。这一现象的部分原因在于拉丁美洲地区的管理学院并未对外贸易问题给予足够的关注度。

这份报告的另一个重要结论是,由于内部信息系统的缺陷,当地企业存在严重的内部沟通问题。大多数的大型企业集团都是私人控股,因此不必担心向市场传递信息的准确性,从而缺乏相应投资来改善内部信息系统。不过这一事实近年来已有所改变。

如果说拉丁美洲具有何种显著的文化特征,那便是无时无刻不需要一位卓越的领导者来做出重要决定。也许正因为如此,几乎所有拉丁美洲国家都是总统制而非议会制。通过伟大的领袖来寻找一切问题的答案,几乎是整个拉丁美洲国家沿袭至今的"传统"。或许这也是管理决策只能由一个人为核心的方式进行决定的原因。

再一次与美国这个具有"赢家文化"的国家做比较。在美国,所有人都在寻求胜利。与其他社会尤其是与拉丁美洲社会形成鲜明对比的是,个人和职业上的成功被视为个人生活中的主要目标。相反的,指责美国人最坏的称呼就是"失败者"。然而这种文化在拉丁美洲是不存在的,相反,成功往往会带来猜疑和不信任。

通常,在进一步认识拉丁美洲企业后,可以看到他们对于企业管理缺乏基本的了解。这种情况非常普遍,不仅在小微企业,甚至在大型集团中也是如此。例如,企业的战略计划通常会忽略竞争对手的行为方式。这一点在托马斯·伍德和米格尔·卡尔达斯(Thomaz Wood & Miguel Caldas, 2002)对商业环境进行的充分研究中得到了验证,该研究发表在《工商管理杂志》(*RAE -*

Executive）上。尽管这项研究是针对巴西进行的，但倘若他们是针对拉丁美洲的其他国家进行研究，一样会得出相同的结论。对于伍德和卡尔达斯来说，商业环境受到三个不同维度的影响：制度、文化和组织，并呈现出以下特征：

A. 制度视角

1. 企业监管与执行方式制度化程度低。
2. 竞争强度低，存在垄断或寡头垄断。
3. 对企业创新缺乏监管。
4. 企业的市场沟通有待完善。
5. 客户与供应商之间存在冲突关系。

B. 文化视角

1. 个人主义：个人利益高于集体利益。
2. 模棱两可：事物总是变化莫测。
3. 企业管理层级复杂：社会关系具有沿袭奴隶制的特征。
4. 可塑性和渗透性：对外国人的开放和吸引。
5. 形式主义与虚假行为：徘徊在"本应遵循法制的世界"与"充满商业作秀的现实的世界"之间。

C. 组织结构视角

1. 在处理问题和不稳定环境方面，很少有聚焦的策略发挥作用。
2. 组织结构：繁冗的等级结构和原始的组织工作方式。
3. 管理风格威权化，在权力关系和集中决策中有很强的等级制度。

本章验证了历史和文化因素如何影响企业的管理方式。值得一提的是，迈克尔·波特在表达对于这些问题的重要性时说："一个国家的方方面面都会影响公司的组织和管理方式，无法一概而论。更重要的是与管理机构的沟通,人际交往的规范,员工与管理的态度,个人主义或群体行为的社会规范和专业标准。这些方面却又源自教育制度、社会风俗、宗教历史、家庭结构与许多其他独特的国情。"

因为拉丁美洲有着丰富的历史和特别的风俗习惯,波特的话对于拉丁美洲来说非常适用。这一切最终都会对该地区的企业管理方式产生非常大的影响。

| 第 五 章 |

拉丁美洲大型企业主要产业及其商业环境

由于20世纪90年代初全球化浪潮席卷拉丁美洲,本土企业极易受到国际商业变化的影响。为了生存,企业被迫降低成本,努力挖掘其他竞争者无法攻破的利基市场,或将自身转变为全球竞争者。在这方面,企业家们开始积极寻求新的管理技术,加快组织结构调整。部分大型企业则很好地利用了私有化的契机,收购了国有企业并对其进行重组,从总体上看取得了很大成功。

然而许多公司却无法幸免于难。我们曾试图帮助过一些非常重要的企业,例如巴西金属公司(Brazilian Metal Level)就是最具代表性的受害者。

21世纪初,全球化的迅猛发展让拉丁美洲地区企业不得不郑重考虑全球化的可能性,主要有三种途径:第一种是最明显的方式,在本国之外寻找接受其产品的市场。第二种是在战略上与外方合作,以便帮助他们保护市场。然而当外国企业主导市场时,这种合作就会结束。第三种是在拉丁美洲市场中寻找外国企业无法攻破的利基市场。

彼得·迪肯指出,大型跨国企业长期以来都在培养三种能力来实现增长:

1. 能够同时掌控全球各地的活动。
2. 利用每个地区或国家中的主要竞争优势。
3. 灵活地将资源和业务从世界上某处转移至其他地方。

凭借这三种能力，许多企业在过去几年的全球化进程中蓬勃发展。其中一些企业来到拉丁美洲，另一些企业则利用机会不断实现突破，只有极少数的大型跨国公司还未将目光放到世界的这一头。

显然，绝大多数大型跨国公司来到拉丁美洲只是为了寻找新的市场。根据杜帕斯（Dupas，1999）的说法，全球产品的价格下跌，不断将因收入不足而处于消费边缘的市场纳入其中，亚洲和拉丁美洲的消费品增长率因此不断增高。杜帕斯还补充了其他解释全球企业对拉丁美洲具有极大兴趣的原因：在过去 20 年里，成本压缩战略被频繁使用，生产被分成多个部分在全球不同地方执行。因此，生产过程中更密集且低素质的劳动力被移至价格低廉的国家，例如拉丁美洲的国家。根据杜帕斯的说法，第三个原因是发达经济体的工会在改善工作条件方面施予企业的压力不断增加，导致大型跨国公司的企业，尤其是在法国和德国的企业只好撤离，拉丁美洲地区的业务反而因之得到加强。

迪肯希望人们注意到，旧有的劳动分工已经过时。换句话说，发达国家生产工业制成品，而发展中国家主要出售诸如矿产品或农产品等初级产品的分工已不再适用当今世界。如今，由于生产链的碎片化，商品在世界各地的流动变得极为复杂。

然而，一些延伸至拉丁美洲各个国家的生产链，通常是来自总部位于发达国家的公司。因为拉丁美洲具有一定的市场规模与廉价劳动力，例如来自汽车、医药、信息设备、电信和电子消费品等行业的公司纷纷来到这里。从某种程度上说，化工产业也是如此。但在绝大多数情况下，这些企业在拉丁美洲的部门其主要职责却仅限于负责商品的最终组装。生产链上的重要环节或是更高技术要求的部分，往往都会在企业的总部进行，它们则常位于北美、欧洲或日本。

如果美国与拉丁美洲国家之间的关系像日本与其他亚洲国家那般，将那些需要大量劳动力的业务分包给其他较小的国家，这种模式将会很有趣。

跨国公司日益加紧对拉丁美洲地区的战略布局，让该地区的企业处境艰难。拉丁美洲的大型企业都明白必须在技术、生产力和创新上达到与国际竞争匹敌的能力。尽管拉丁美洲在国际上的影响力仍旧微乎其微，但可以证实的是跨国公司在拉丁美洲的影响是巨大的。巴西作为例子就很好地说明了这一点：在巴西注册的600万家企业中，只有2万家有国外客户，其中仅745家就负责了80%的产品出口，其中620家又均为外国公司。换句话说，拉丁美洲具有出口能力的企业较少。但即使是为数不多的企业，也有必要了解在国际市场的激烈竞争中，究竟是哪些大型拉丁美洲企业能脱颖而出，分别在哪里？又隶属哪个经济领域？

首先，根据拉丁美洲主要商业杂志在2008至2011年期间进行的一项调查，我们将从拉丁美洲100家最大的民营或国有企业开始入手分析。常用的衡量标准是企业营业额状况，不过银行除外，对于银行我们考虑的是其资产总额。我们注意到，这100家公司分别只属于20个经济类别，具体如下：

1. 钢铁和冶金；
2. 航天航空；
3. 农业综合企业；
4. 食品和饮料；
5. 综合性企业；

6. 重大建筑工程；

7. 电子与信息；

8. 娱乐/媒体；

9. 矿物开采；

10. 金融：银行和保险公司；

11. 制造及类似行业；

12. 原材料及投入；

13. 纸和纤维素；

14. 石油和天然气；

15. 化工/石化和制药；

16. 电信服务；

17. 运输服务；

18. 公共服务：电力、卫生和其他；

19. 纺织；

20. 零售和商业。

表3显示了根据上述领域分类后，拉丁美洲排名前100的企业集团。

表3 按领域和国家划分的拉丁美洲排名前100企业(2008年至2011年)

领　域	阿根廷	巴　西	智　利	墨西哥	其　他
钢铁和冶金	Techint/ Tenaris/ Ternium	CSN, Gerdau, Tubarão (CST), Usiminas		Altos Hornos.	

续表

领　域	阿根廷	巴西	智利	墨西哥	其他
航空航天		Embraer			
农业综合企业	Aceitera General Deheza, Molinos Rio De la Plata	Bertin, JBS Friboi			
食品和饮料	Arcor	Ambev, Perdigão, Sadia		Bimbo, FEMSA, Gruma/Maseca, Lala, Modelo	Polar
综合性企业				Alfa, Carso, Desc, IMSA	
重大建筑工程		Camargo Corrêa, Odebrecht		ICA	
电子与信息				Mabe	
娱乐/媒体		Abril, Globo		Televisa	CANTV
矿物开采		Vale(CVRD)	Antofagasta, CODELCO	BAL/Peñoles, México	Southern Peru

续　表

领　域	阿根廷	巴　西	智　利	墨西哥	其　他
金融：银行和保险公司	Banco de la Nación	Banco do Brasil, Itaú-Unibanco, CEF(Caixa Econômica Federal), Bradesco	Banco de Chile	Banorte	
制造及类似行业		WEG		Saltillo, Xignux	
原材料及投入	Aluar	Votorantim		CEMEX, Vitro	
纸和纤维素		Aracruz, Klabin, Suzano	Celco/Arauco, CMPC	Durango	
石油和天然气		Ipiranga, Petrobras	Copec, ENAP	PEMEX	Ecopetrol, PDVSA, Petroecuador, Petroperú
化工/石化和制药		Braskem, Copesul, Natura, Ultra	Molymet, SQM		Pequiven
电信服务		Nova Oi		América Movil, Telmex	
运输服务		TAM	LAN, Sud America na de Vapores/CSAV	Cintra/Aeroméxico	

续　表

领　域	阿根廷	巴　西	智　利	墨西哥	其　他
公共服务：电力、卫生和其他		CEMIG, COPEL, CORREIOS-ECT, CPFL, Eletrobrás, Sabesp		CFE	
纺织		Coteminas			
零售和商业		Casas Bahia, Pão de Açúcar	Cencosud, D&S, Falabella	El Puerto de Liverpool, Elektra, Salinas, Soriana	Êxito

根据表3数据，表4显示了按照国家和经济领域划分的公司数量。

表4　按领域和国家划分的拉丁美洲排名前100企业数量

领　域	阿根廷	巴西	智利	墨西哥	其他	全部
钢铁和冶金	1	4		1		6
航空航天		1				1
农业综合企业	2	2				4
食品和饮料	1	3		5	1	10
综合性企业				4		4
重大建筑工程		2		1		3

续　表

领　　域	阿根廷	巴西	智利	墨西哥	其他	全部
电子与信息				1		1
娱乐/媒体		2		1	1	4
矿物开采		1	2	2	1	6
金融：银行和保险公司	1	4	1	1		7
制造及类似行业		1		2		3
原材料及投入	1	1		2		4
纸和纤维素		3	2	1		6
石油和天然气		2	2	1	4	9
化工/石化和制药		4	2		1	7
电信服务		1		2		3
运输服务		1	2	1		4
公共服务：电力、卫生和其他		6		1		7
纺织		1				1
零售和商业		2	3	4	1	10
全部	6	41	14	30	9	100

根据上表，可以看到，巴西和墨西哥在拉丁美洲100家最大企业中占比最多，共计71家。此外还有其他有趣的发现：

1. 85%的公司来自三个国家：巴西、智利和墨西哥。

2. 巴西是唯一几乎占据了所有行业类别公司的国家,这说明巴西工业园区极具多样化。巴西唯一没有企业上榜的领域是"电子与信息行业"。巴西最大的信息技术公司是 Positivo,但它却不足以跻身拉丁美洲排名前 100 的公司之列。

3. 超过三分之一的企业仅来自四个类别:食品和饮料、钢铁和冶金、零售、石油和天然气。

4. 没有任何一家公司来自信息技术、生物技术或与制药相关的高技术领域。

5. 诸如农业、钢铁冶金、纸和纤维素、石油和天然气以及原材料的大宗商品生产,一共有 35 家公司,换句话说,超过三分之一的拉丁美洲大型企业是大宗商品生产商。

在我们开始分析每个行业之前,可以看到这 20 个领域中某些领域具备一些相同特征。比如,7 个行业成功的关键因素与自然相关,它们是农业综合企业、食品和饮料、钢铁和冶金、纸和纤维素、原材料及投入、石油和天然气及其有关的企业等。这与该地区的自然地理优势密不可分。在以上 100 家企业中,有 45 家就属于上述类别。这些事实不仅印证了波特的观点,也证实了为何林赛和费尔班克斯将过度依赖自然或基本要素的问题视为拉丁美洲企业主要特征的论断。

若是考虑"零售和商业""娱乐/媒体"这两项与服务业有关的领域,则有 28 家公司。这 28 家公司中,有 3 家航空运输公司,3 家电视运营商和 3 家电信运营商。可以说,它们的成功也与国家地理有关。例如,巴西和墨西哥这两个国家领土辽阔,为其航空运输和电信运营商的发展提供了良好的基础,因为对这两个行业的运营商而言,规模是一个非常基本的要素。

现在让我们仔细检视上述表 3 和表 4 中的 20 个行业,这能帮助我们更好地了解拉丁美洲公司在哪些领域能够在国际舞台上取得成功。这 20 个领域的商业环境各具特点,我们将在下文中加以说明。

一、钢铁和冶金

拉丁美洲是世界上重要的钢铁生产和出口国。面对国际生产过剩和美国与日俱增的贸易保护主义,过去几年中巴西国际钢铁的价格波动较大。由于《北美自由贸易协定》,墨西哥并未受到波及。钢铁和冶金是拉丁美洲最有代表性的行业领域之一,几乎所有拉丁美洲大国都有在国际上表现突出的该领域私营企业。在这个领域,巨大的国际竞争迫切需要获得统一的低成本,如同巴西盖尔道钢铁公司(Gerdau)的情况一样。目前,该行业面临的最大威胁来自中国,中国每吨钢铁的单位制造成本与拉丁美洲的钢铁成本不相上下。

企 业 名 称	国 家	2011 年销售额（百万美元）
Altos Hornos	墨西哥	2 928.0
CSN	巴 西	8 806.7
Gerdau	巴 西	18 875.6
IMSA	墨西哥	2 845.4
Techint/Tenaris/Ternium	阿根廷	24 105.0
Tubarão - CST	巴 西	3 573.3
Usiminas	巴 西	6 345.9

二、航空航天

当谈论到拉丁美洲的航空航天工业时,巴西是最具有代表性的国家。而巴西在这一行业仅依靠一家企业——巴西航空工业公司。该公司依托巴西政府五十多年来的努力获得成功。政府创建了航空技术中心(TCA)和航空技术学院(TIA),在国际上被视为孕育航空工程师最好的专业机构之一。12 年前,巴西政府决定将巴西航空工业公司私有化,这一举措使得公司的运转更加灵活,也因此在国际市场上获得了更大的竞争力。这一领域的发展为巴西带来了许多益处,其中最主要的是创造了许多高质量的工作岗位。

企　业　名　称	国　家	2011 年销售额（百万美元）
Embraer	巴　西	5 255.4

三、农业综合企业

与全球其他贫穷地区不同,拉丁美洲只有一小部分人口从事农业生产。尽管如此,根据拉丁美洲经济委员会(CEPAL)的数据,拉丁美洲约有 20% 的出口来自农业,可以看出农业对于当地经济的重要性。在 1970 年这一比重曾高达 40%,后来逐步下降。就农产品出口量而言,最主要的五个拉丁美洲国家依次为:巴西、阿根廷、墨西哥、哥伦比亚和智利,主要产品有咖啡、香蕉、糖、肉、大豆、棉花、水果、蔬菜和鲜花。

拉丁美洲现有的农业企业,具有较为全面的多样性。一方面,企业具有良好的组织体系能够将产品销售到世界各地,例如巴西的大豆和智利的水果。另一方面,数以百万计的小型家庭单位对于生产也起到了关键作用,最为突出的是秘鲁。而通常像糖、棉花、小麦、香蕉和牛肉等产品,则都是在大农场里进行生产。

受欧洲殖民的历史因素影响,第一产业在拉丁美洲国家的经济活动中一直发挥着突出的作用,自然资源也在其中扮演着非常重要的角色,促进了大规模的栽培和种植。在巴西、乌拉圭和阿根廷,大量的土地和宜人的牧场也利于发展畜牧业。

在拉丁美洲排名前100的这些企业中,有10家是农业企业。有趣的是,在100家最大的企业中,只有6家阿根廷公司脱颖而出,而其中2家与农产品加工业相关,分别是:Aceitera General Deheza和Molinos Rio de La Plata。这两家公司在拉丁美洲地区的影响力很大,可以与嘉吉(Cargill)和邦吉(Bunge)这样的全球巨头公司相匹敌。

巴西和阿根廷是继美国、中国、欧洲、印度和俄罗斯之后的第六和第七大国际粮食生产地。在肉类(牛肉、猪肉和鸡肉)出口方面,巴西是世界上最大的出口国,其次是澳大利亚、印度和阿根廷。巴西肉类生产企业仰赖大量廉价的劳动力、低成本的土地和有利的气候,具有极大的竞争优势。

从技术的角度来看,农业生产并不是一个需要高科技的领域,而巴西却拥有一个国际公认的在该领域有最多研究人员和创新者的企业,即巴西农业研究公司(EMBRAPA)。巴西农业研究公司是一家国有企业,拥有2 000名博士毕业的研究人员,该公司在过去几年为提高巴西农业生产率发挥了巨大的作用,使所有从事相关领域的巴西公司受益。

企　业　名　称	国　家	2011年销售额（百万美元）
Aceitera General Deheza	阿根廷	2 900.0
Bertin	巴　西	1 200.0
JBS Friboi	巴　西	32 944.2
Molinos Rio de la Pata	阿根廷	3 106.9

四、食品和饮料

这一类型的行业包括一些技术含量较低的制造商。通常该领域被认为是非耐用品的生产商,产品种类较多,聚集程度较小,再加上对技术的低需求,使得拉丁美洲国家可以在与其他重要国家的竞争中脱颖而出。这个行业拥有许多重要的跨国公司,如雀巢(Nestlé)、达能(Danone)、卡夫食品(Kraft Foods)等。一些拉丁美洲饮料制造商是该领域的主要国际参与者,如巴西啤酒企业安贝夫集团(Ambev)和墨西哥啤酒企业莫德罗(Modelo)。甚至在委内瑞拉也有一家规模较小但具有重要地位的啤酒公司名为Polar。

从技术角度来看,食品和饮料制造业的创新较少。这一行业的特点是成为其他部门(主要是机器或工业设备)的技术革新的消费者。拉丁美洲的一些企业(如巴西的Sadia和Perdig)已在各个生产阶段都使用了高度先进的设备,尤其是在家禽和香肠生产过程中。墨西哥的 Bimbo 被认为是最大的国际面包制造商。值得注意的是,从饮料生产的角度来看,拉丁美洲主要的产品是啤酒,并且竞争非常激烈。

企 业 名 称	国 家	2011 年销售额（百万美元）
Ambev	巴 西	14 461.5
Arcor	阿根廷	3 100.4
Bimbo	墨西哥	9 586.9
FEMSA	墨西哥	14 557.8
Gruma/Maseca	墨西哥	4 133.1
Lala	墨西哥	4 802.0
Modelo	墨西哥	6 539.0
Perdigão	巴 西	3 744.9
Polar	委内瑞拉	1 038.9
Sadia	巴 西	4 868.3

五、综合性企业

有一些大型企业集团在拉丁美洲表现出色,其年度业绩使它们进入了百强企业之列。这类企业具有多样化特征,因此不属于任何其他类别。有 4 个来自墨西哥的企业属于这类,分别为:Alfa,Carso,Desc 和 IMSA。

企　业　名　称	国　家	2011年销售额（百万美元）
Alfa	墨西哥	13 103.1
Carso	墨西哥	5 303.4
Desc	墨西哥	1 054.6
IMSA	墨西哥	2 453.4

六、重大建筑工程

无论是信贷担保政策，还是投资保护和基础设施一体化项目的商业协议，重大建筑工程都受到来自政府部门的影响。在所有拉丁美洲国家中，政府是该行业的最大客户。巴西和墨西哥拥有广阔的土地和大量人口，住房需求、高速公路、建造发电所需的水力发电厂等方面，都催生了这个领域的企业。建筑工程公司总能找到方法与各自的政府维护共同利益，这也成了国际承包商或建筑商进入该地区市场的阻碍。由此产生了一种有利于该地区公司发展的"市场储备"，尤其对于本书中所提到的这些公司来说。

企　业　名　称	国　家	2011年销售额（百万美元）
Camargo Corrêa	巴　西	8 968.6
ICA	墨西哥	3 066.5
Odebrecht	巴　西	11 478.0

七、电子与信息

电子与信息行业需要先进技术来制造更为复杂的产品,被认为是高科技行业。电子与信息行业的企业主要集中在亚洲国家,尤其是中国和日本。然而,该行业通常在产品组装的最后阶段需要大量劳动力,成为拉丁美洲吸引企业将公司设立在该地区的原因。该行业需要高智力资本与大量持续的技术投资,因此在拉丁美洲鲜有这类的大型企业。国际上仅有一家拉丁美洲企业表现突出。

企 业 名 称	国 家	2011年销售额（百万美元）
Mabe	墨西哥	3 264.5

八、娱乐/媒体

由于拉丁美洲各国对媒体行业的国外企业施加法律限制,许多拉丁美洲重要媒体公司得以在该地区积极发展。然而,人口总体的文化水平偏低,导致大多数拉丁美洲国家的报纸发行量偏少,人们更倾向使用电视媒体。从2005年开始,一些国家才放宽规定,允许外国公司进入该领域。与发达国家的同类公司相比,一些拉丁美洲的本土公司已颇具规模,其中包括:Abril, CANTV, Globo和Televisa。另一个值得注意的特点是,拉丁美洲地区的政客拥有广播和电视广播的控制权。

企　业　名　称	国　家	2011年销售额（百万美元）
Abril	巴　西	1 680.0
CANTV	委内瑞拉	3 792.6
Globo	巴　西	5 854.0
Televisa	墨西哥	4 486.1

九、矿物开采

拉丁美洲的大型矿商一直面临着全球市场矿产价格下降的问题,但基于过去几年间生产力的显著提高,这一问题得以缓解。另一方面,拉丁美洲的矿物开采还得益于中国巨大的矿产需求以及其他大型国际矿业公司难以进入拉丁美洲地区作业的两大特点。巴西淡水河谷(Brazilian Vale)是最大的国际钢铁生产商,墨西哥的佩诺尔斯工业公司(BAL/Penoles)是世界上最大的银和锌生产商之一。墨西哥还是硫、铅和汞的最大国际生产国之一。与农业的例子相似,尽管生产的物流问题仍亟待解决,但技术并不是该行业的核心问题。

企　业　名　称	国　家	2011年销售额（百万美元）
Antofagasta	智　利	6 076.7
BAL - Peñoles	墨西哥	10 935.6

续　表

企　业　名　称	国　家	2011年销售额（百万美元）
CODELCO	智　利	17 515.2
México	墨西哥	9 296.2
Southern Peru	秘　鲁	3 179.7
Vale(CVRD)	巴　西	55 014.7

十、金融：银行和保险公司

一般而言，拉丁美洲的许多国家都有较为发达的地方银行，其经营形式类似于北美和欧洲的银行。尽管在过去几年中进行了私有化，但拉丁美洲区域最大的银行仍有相当一部分掌握在国家手中。

直到20世纪80年代，拉丁美洲通货膨胀居高不下，现金存款成了宝贵的利润来源。随着通货膨胀率的下降，这种情况在90年代得到改变，银行的盈利能力问题变得尤为重要。尽管通货膨胀率有所下降，但与世界上其他国家相比利差仍然非常高，最终成为吸引外国银行在此扎根的原因之一。

此外，更激烈的竞争环境是大规模银行收购中小型银行的主要因素，这最终导致了运营银行目前越来越少的局面。在过去的5年里，这种竞争也因为外资银行的到来而加剧。这些外国银行作为现代化的催化剂，给本地银行带来了各种金融创新。

2016年之后，巴西的手机使用量出现了井喷式增长，为银行发展提供了有利契机。银行通过手机应用推出新的账单支付和汇款服务，人们不再需要频繁地前往分行办理业务。由于拉丁美洲手机使用率总体激增，电子商务迅猛发展。或者说，巴西乃至整个拉丁美洲缺乏银行业务（银行化程度低）的问题在这一过程中得以妥善解决。政府也开始使用应用程序加强与公民之间的联系，即便是领取救助金的贫困人群也人手一部手机。根据全球移动通信系统协会（GSMA）的分析，五年内拉丁美洲的智能手机使用量将位居世界第二，仅次于亚洲。根据该协会的报告，巴西的手机链接量达 8 950 万，目前是拉丁美洲地区最大的智能手机市场，也是全球第五大手机市场，仅次于中国、美国、印度和印度尼西亚。根据国际电信协会（ITU）的数据，2022 年该地区的链接数甚至将超过总人口数。电子设备的价格下降，网上银行和金融服务的应用增加，为银行业务模式的革新提供动力，也推动了电子商务在整个拉丁美洲的快速增长。

银　　行	国　家	2011 年销售额（百万美元）
Banco do Brasil	巴　西	432
Itaú-Unibanco	巴　西	380
CEF - Caixa Econômica Federal	巴　西	286
Bradesco	巴　西	369
Banorte	墨西哥	54
Banco de Chile	智　利	76
Banco de la Nación	阿根廷	48

十一、制造及类似行业

这一领域包括具有大规模生产的装配行业,所选取的例子中绝大多数是为汽车生产线生产汽车零部件的墨西哥制造商。

在耐用品领域表现突出的墨西哥公司几乎都是在边境加工厂的模式下发展起来的。20世纪80年代墨西哥极为低廉的劳动力颇具吸引力,墨西哥政府便通过这一模式,为北美大型经销商提供成本更低的工厂。在过去的10年里,由于中国在国际舞台上的崛起替代了墨西哥低成本工业制造的地位,墨西哥在该领域的重要性逐渐淡去。

在拉丁美洲,全球最大的集团分公司大都在耐用品领域。除了汽车经销商及其全球供应商外,在拉丁美洲影响力较大的还有飞利浦、索尼、三星、惠而浦等企业。

企 业 名 称	国 家	2011年销售额（百万美元）
Saltillo	墨西哥	1 982.7
WEG	巴 西	2 766.6
Xignux	墨西哥	2 562.9

十二、原材料及投入

这一领域有许多国际港口公司,特别是一些墨西哥公司。例如,西麦斯(CEMEX)在全球多个国家,甚至在欧洲都是水泥市场的领导者。墨西哥玻璃制造商 Vitro 也是如此,它是窗户领域最大的国际公司之一。巴西一直名列十大水泥生产国和消费国之列,仅次于墨西哥。长期以来,墨西哥和巴西的企业受益于国家对建筑的强劲需求。近期,北美汽车装配厂成了 Vitro 的重要客户。

企 业 名 称	国 家	2011年销售额(百万美元)
Aluar	阿根廷	1 218.0
CEMEX	墨西哥	13 546.5
Vitro	墨西哥	2 619.3
Votorantim	巴 西	12 618.6

十三、纸和纤维素

纸和纤维素的行业价格同样是由国际市场所决定。但就拉丁美洲而言,这一行业因其所处的地理位置而备受青睐。尤其是智利和巴西拥有大片适用于生产纤维素的森林,这两个国家生产的纤维素占世界总产量的8%。归功于桉树种植的发展,巴西具有非常大的竞争优势,可以在7年内实现工业化,让短纤木浆的生产成本成为世界上最具竞争力的要素。21%的智利领土被森林覆盖,气候和土壤条件非常有利于树木生长;墨西哥的热带气候为韦拉克鲁斯(Veracruz)森林中树木的生长提供了条件,成为造纸和纤维素生产方面极为有利的因素。

与钢铁行业一样,造纸是少数由拉丁美洲本土企业主导的行业之一,外资企业的表现空间较小。这一领域最重要的外国公司是北美的金佰利(Kimberly Clark)。发达国家的环保人士与严格的环境保护立法给这一行业带来压力。

企 业 名 称	国 家	2011年销售额（百万美元）
Aracruz	巴 西	2 171.8
Celco/Arauco	智 利	4 374.9
CMPC	智 利	4 796.2
Durango	墨西哥	1 218.9
Klabin	巴 西	2 073.8
Suzano	巴 西	2 584.0

十四、石油和天然气

拉丁美洲拥有世界第三大石油储量,占国际石油储量的11%,该地区的天然气储量相对石油较低,只占世界的4%。仅委内瑞拉就拥有世界第六大石油储备和第八大天然气储备。不过,拉丁美洲在这一行业的重大意义不仅在于拥有这些自然资源,还在于它靠近主要消费国:美国和欧洲。在拉丁美洲,几乎所有的石油生产都是由国有公司完成的。巴西的伊比兰伽集团(Ipiranga)是一个例外,该公司是可燃物的重要分销商,在巴西拥有最大的运营网络。

企 业 名 称	国 家	2011年销售额（百万美元）
Copec	智 利	7 969.0
Ecopetrol	哥伦比亚	33 194.7
ENAP	智 利	10 834.3
Ipiranga	巴 西	22 461.1
PDVSA	委内瑞拉	124 754.0
PEMEX	墨西哥	103 867.5
Petrobras	巴 西	111 734.9
Petroecuador	厄瓜多尔	7 718.4
Petroperú	秘 鲁	4 947.0

十五、化工/石化和制药

石油化学工业方面,该领域表现出色的私营公司受益于巴西和墨西哥实行多年的工业政策。行业实现增长和竞争力提升完全取决于其他经济部门现代化水平的提高,这方面也正在影响该行业的活力。石油化学工业是一个以商品为根本的产业,基本上行业竞争都着眼于如何降低成本。通常高效与低价的企业会获得更大的市场。

化学和石化产业在全球市场上是通过技术与研究来进行竞争的。一些全球最大的石化企业,例如德国拜耳(German Bayer)、巴斯夫(BASF),在拉丁美洲有着极为突出的表现,并且在研究方面进行了大量投资,与拉丁美洲在该领域企业的空缺形成鲜明对比。需要强调的是,石化工业可算作是化学工业的一部分,其特点是使用石油的衍生物(Nafta)或天然气作为基本原料。但是,石油炼制并不是石化工业的一部分,而是属于石油工业。

制药行业方面,尽管拉丁美洲拥有大量的本地企业,但在该地区能与跨国企业一样获得较高盈利的企业数量却极少。与电子和信息领域情况类似,这一行业人才匮乏,当地企业对研发的投资也非常少。在全球药品市场,拉丁美洲约占 4% 市场份额,2007 年其产值约为 4 000 亿美元。尽管拉丁美洲有着超过 10 000 家制药公司,但在国际市场上,90% 的市场份额却由不到 100 家公司控制,寡头垄断现象严重。

企业名称	国家	2007 年销售额（百万美元）
Braskem	巴西	17 686.0
Copesul	巴西	1 639.4
Molymet	智利	1 452.1
Natura	巴西	1 323.1
Pequiven	委内瑞拉	1 068.9
SQM	智利	1 042.7
Ultra	巴西	25 941.7

十六、电信服务

近年来电信行业强劲的私有化进程为拉丁美洲带来了一些国际最大的运营商,如 Telefônica 和 MCI。尽管如此,许多运营业务仍掌握在本国运营商手中,在各自国家中以灵活的方式开展业务。很少有像墨西哥全球电信公司(Carso)这样的企业,能够在本国以外的地区树立国际化形象。

企 业 名 称	国 家	2011年销售额(百万美元)
América Móvil	墨西哥	47 700.1
Telmex	墨西哥	8 034.9
Nova Oi	巴 西	14 877.6

十七、运输服务

运输服务行业方面,拉丁美洲地区至少有4家每年营业额超过10亿美元的大型企业。该行业的国际危机同样对这些企业产生了负面影响,即便它们能够突破重重难关得以幸存,但还是会面临着来自该地区国际企业的威胁。

企 业 名 称	国 家	2011 年销售额（百万美元）
Cintra/Aeroméxico	墨西哥	1 445.4
LAN	智 利	5 585.8
Sud America na de Vapores/CSAV	智 利	5 151.3
TAM	巴 西	6 927.8

十八、公共服务：电力、卫生和其他

这是一个几乎只有国有企业的行业。唯一的例外是 CPFL[①]。拉丁美洲地区该领域最大的企业有：CEMIG，CFE，CPFL，Eletrobrás 以及 Sabesp。

企 业 名 称	国 家	2011 年销售额（百万美元）
CEMIG	巴 西	8 430.7
CFE	墨西哥	20 931.1
COPEL	巴 西	4 145.1
CORREIOS - ECT	巴 西	7 047.2
CPFL	巴 西	6 804.2
Eletrobrás	巴 西	17 625.3
Sabesp	巴 西	5 299.6

---

① 巴西 CPFL 公司是国家电网（国际公司）控股的巴西私营电力企业。

十九、纺织

总体来说,全球在这一领域的技术水平普遍较低。纺织是一个劳动密集型行业,拉丁美洲地区在这方面具有很大的吸引力。尽管如此,拉丁美洲的纺织品市场在由印度、中国和东南亚主导的世界纺织品贸易中仍只占一小部分。拉丁美洲最大的纺织品公司位于巴西,该国在世界纺织品和制成品生产国中排名第六。尽管墨西哥在纺织行业并没有任何公司进入拉丁美洲地区 100 家最大企业名单,但在签订《北美自由贸易协定》后,墨西哥就在国际纺织行业中扮演起重要角色。随着 2005 年《纺织品和服装协议》取消对纺织品和服装的配额限制,拉丁美洲与中国纺织业的竞争开始变得异常激烈,也因此使得对美国的出口有所减少。

与纺织业类似,拉丁美洲的鞋业也在国际上具有重要地位。巴西是第三大鞋业生产国,墨西哥排在第九位。然而,这些公司的规模都较小,只有巴西的 Azal 例外。尽管如此,该公司的销售额也未能达到拉丁美洲地区排名前 100 的公司级别。在那 100 家公司中,只有一家公司脱颖而出,即巴西纺织厂商:Coteminas。

企 业 名 称	国 家	2011 年销售额 (百万美元)
Coteminas	巴 西	1 218.9

二十、零售和商业

出于规模经济对于零售业的重要性,这一行业在拉丁美洲所有国家的发展势头强劲。大型企业为扩大规模加大了对较小连锁店的收购。通常,这些公司会在市场营销上投入大量资金,使品牌在本国产生一定影响力。近几年,大型国际企业才渐次来到拉丁美洲地区,其历史也不超过 15 年,因此,该行业的竞争是相当激烈的。不过,大型本地企业能够一直保持其重要地位。零售是百强企业中企业数量最多的行业。

企 业 名 称	国 家	2011 年销售额（百万美元）
Casas Bahia	巴 西	7 671.7
Cencosud	智 利	14 515.3
D&S	智 利	1 318.1
El Puerto de Liverpool	墨西哥	4 204.1
Elektra	墨西哥	3 729.4
Êxito	哥伦比亚	4 465.8
Falabella	智 利	9 267.4
Pão de Açúcar	巴 西	24 839.0
Salinas	墨西哥	5 393.9
Soriana	墨西哥	7 045.2

本书中所列出的拉丁美洲行业类别证明了先前的观点:在高科技领域很少看到拉丁美洲公司的身影。综上所述,大多数在国际上取得成功的拉丁美洲公司往往是在价值极其小的领域,例如食品、饮料或材料等。拉丁美洲没有任何企业在诸如计算机、半导

体、移动电话、软件、医疗设备或药品等生产高科技产品的重要部门中获得成功。在下一章中，我们将进一步研究发生这种现象的原因：为何拉丁美洲企业在参与国际高科技领域方面面临着如此多的困难？

| 第 六 章 |

大型企业对于推进拉丁美洲地区创新的重要性

三十多年前,加尔布雷思(Galbraith,1978)指出,大型企业之所以能不断增强自己的经济霸主地位和权力,是因为具备维持创新所需经费的条件。这位经济学家在《新工业国家》(*The New Industrial State*)一书中也写道:"小型企业不具有维持创新所需开销的条件。"当他以讽刺和说教的方式分析经济问题时,指出市场体系的敌人,其实不是意识形态,而是工程师。大型企业在流程和产品上不断进行创新,而这些创新又大大拉开了大型企业和小型企业之间的差距。在加尔布雷思的所有书中,他都强调了大企业的优势:"大型企业可以承受市场的不确定性,而小型企业却做不到这一点……除了无病呻吟的浪漫主义者以外,谁都能意识到现在并不是小型企业的时代。"

在《新工业国家》一书中,加尔布雷思把经济分为两部分:市场体系和计划体系。市场体系由大多数现有公司组成,数以百万计的公司激烈竞争以求生存,却极少能影响消费者,更不用说影响国家了。加尔布雷思引用的例子包括提供服务的公司、自由职业者、农民、服装制造商、小型建筑公司等。计划体系由少数规模较大的公司组成。20世纪70年代,这些为数不超过一千家的公司负责了美国一半的生产。当谈论到两种制度在创新方面的区别时,加尔布雷思强调:"很大程度上,创新需要拥有在研发和孵化阶段所需的一切经费投资的支撑。而处于市场体系中的企业并没有这些资源……近年来,没有任何技术是由市场制度中的个人发明家所创造的。每个人都有自己的想法。但是,除了极少数例外,只有大型企业才能将想法付诸实践。"

获得 2001 年诺贝尔经济学奖的斯蒂格利茨教授(Stiglitz,2003)指出了技术创新越来越局限于大型企业的更多原因。当谈论技术变革与不完全竞争之间的关联时,斯蒂格利茨指出了小型企业难以产生新技术的四个原因:"首先是通过补偿研发支出来激励创新,用专利竞争保护发明。但专利的目的则是限制竞争。其次,技术变革行业通常会提高固定成本,这意味着平均成本正处于一个较高的水平——这是限制竞争的另一个特征。第三,技术变革快速的行业,正尝试用新的生产技术迅速降低成本。最后,一般情况下新型企业和小型企业难以从银行筹集研发资金。从竞争的基本模型定义来说,以上几点都让进入市场和减少竞争变得困难。"

贝赞可(Besanko)、德雷诺夫(Dranove)、尚利(Schanley)和谢弗(Schaefer)指出(2006),许多企业和行业的研发费用超过了总销售额的 5%,例如英特尔、微软、法玛西亚和通用电气。他们认为:"研究与开发蕴藏着重大意义。科学研究和工程的性质表明,与研发部门一样,研发项目中存在一个最小的可行规模。"换句话说,在研发活动中也会产生规模经济。即便如此,贝赞可、德雷诺夫、尚利和谢弗仍强调,尽管研究与开发中存在规模经济,但并不能断定规模与创新之间存在直接关系,经济理论和实践经验过于模糊,并不能说大企业就比小企业更具备创新能力。作者指出,通常而言,大型企业更有能力激励他们的研究人员。

弗里曼和苏特(Freeman & Soete, 1997)在研究公司规模与创新之间的关系时,对这个问题同样进行了深入探讨。他们认为创新不可一概而论,通过三方面来看,创新既可以来自小型企业也可能来自大型企业。这三方面是:工业领域、工业类别以及技术历史问题。如果是仅仅谈论发明的话,小型企业具有优势,但如果想要将发明转化为市场的产品时,大型企业表现更佳。

基哈诺(Quijano,2007)指出,许多学者都支持公司规模与创新之间存在的正相关性。其中,熊彼特(1992)认为,创新是长期研究的产物,初期无法确定其结果,因此需要足够的投资。只有拥有强大的技术团队和现金实力雄厚的大企业才足以支撑。基哈诺还引用了戴维斯(Davis,1979)的观点,认为规模、技术的不可分割性、管理资源和吸收能力等原因,大型企业比中小型企业更倾向于吸收新的工艺技术。但是基哈诺指出需要注意这样一个事实:在某些领域,中小企业更容易出现创新。以软件和生物技术为例,在这些领域中,小型企业发挥了突出的作用。

斯布拉吉亚(Sbragia,2006)引用了他于2005年在圣保罗研究基金会(FAPESP)所做的研究,其中分析了企业规模与创新之间的关系。研究发现,随着企业规模的增加,创新资源的多样性更大,从而得出结论:"……企业规模越大,他们从相关部门(大学、研究机构、咨询公司等)获取为创新提供服务的信息的能力就越大。"

阿比克斯(Arbix,2007)强调,创新过程是个人、企业和其他知识机构生产者之间互动增长的结果,无论是在国家、地方还是国际。他强调:"……创新过程的基本推动力仍然是企业,尤其是大型企业……"

弗里曼和苏特也重点说明了沟通在寻求创新过程中的重要

性。他们认为,例如马可尼(Marconi)①这样的企业家兼发明家在一家公司初创时期引入创新技术起到了决定性作用,但是在后期,最终的决定性因素是不同部门之间的沟通,包括企业部门与个人、客户和供应商。弗里曼和苏特提出了十个创新企业成功的关键特征:

1. 企业具有强大的研发部门;
2. 与从事基础研究的机构保持紧密关系;
3. 使用专利保护自己并与竞争对手进行谈判;
4. 可支撑长期高额研发费用的财务结构;
5. 灵活的内部流程;
6. 具有承担风险的能力和文化;
7. 具备预测市场潜力的能力;
8. 专注市场潜力,努力吸引客户;
9. 具备协调研发、生产、销售的企业家精神;
10. 与客户及科学界保持良好沟通。

全球研发经费(Global R&D Funding)每年会测算国际研发数据,包括企业、政府研究机构和大学的支出。根据2011年的数据,该年总支出为1.4万亿美元。另外,博斯艾伦公司(Booz Allen)连续八年发布了详尽的年度调查报告,其中涵盖了全球研发投入最多的1 000家公司。报告不仅指出了研发所花费的美元金额,而且也对这些支出结果做出了定性分析。在2011年的报告中,可以发现1 000家在研发上投入最多的公司占全球研发总支

---

① 伽利尔摩·马可尼(Guglielmo Marconi,1874年4月25日—1937年7月20日),意大利无线电工程师、企业家、实用无线电报通信的创始人。——译者注。

出的43%，约为6 030亿美元。如果将博斯艾伦公司的数据与全球研发经费的数据进行比较时会发现，这1 000家最大企业的研发支出的集中程度令人难以置信。

博斯艾伦公司的另一项研究表明，工业行业中科技公司占主导地位。1 000家在研发上投入最多的公司，其研发总支出为6 030亿美元，并且可以对其所处经济领域进行统计。下面列出了10种行业类别研发经费支出占总额的百分比：

1. 电子和信息设备制造商　　28%
2. 制药和卫生领域　　21%
3. 汽车工业　　16%
4. 多种制成品　　10%
5. 化工和能源　　7%
6. 互联网软件产业　　7%
7. 航天航空与国防　　4%
8. 消费品　　3%
9. 电讯设备制造商　　2%
10. 其他　　2%

值得注意的是，在1 000家公司的研发总支出中，仅3个行业的支出就占了65%。下图显示了这些数值。

博斯艾伦公司的这项调查毫无疑问地说明了大型公司作为研发的重要推动者所发挥的关键作用。

为了证明大型企业是全球研发的催化剂，我们试图通过统计分析，来建立大型企业与其总部所在国技术发展之间的关系。在分析中将使用两个指标来评估一个国家的研究和发展情况，这两个指标分别为在美国专利商标局（USPTO）注册的专利数量以及

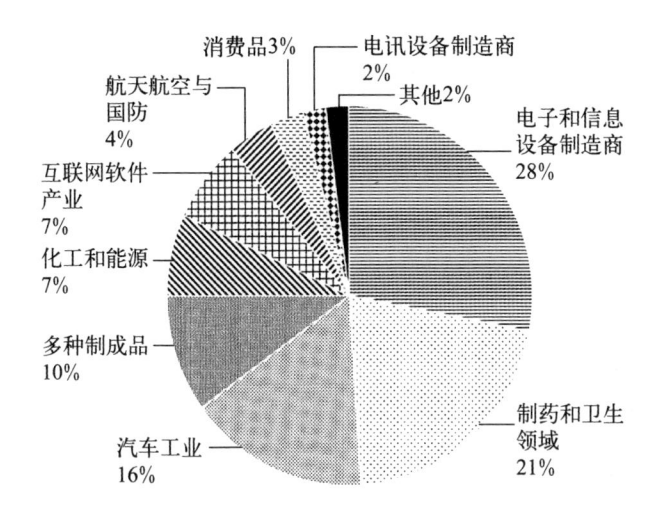

消费品 3%
电讯设备制造商 2%
航天航空与国防 4%
其他 2%
电子和信息设备制造商 28%
互联网软件产业 7%
化工和能源 7%
多种制成品 10%
汽车工业 16%
制药和卫生领域 21%

巴特尔研究所《研究与发展杂志》中所公布的《2012年全球研发投资预测》的科学技术支出数据。我们总共获得了近300个国家的相应值。根据《财富》杂志列出的企业，我们对这些国家拥有全球500强企业的数量进行了核实。换句话说，我们将近30个国家中所占世界500强的企业数与该国的研发支出及在美国专利商标局注册的专利数进行了比较。表5展现了研究结果。最后我们计算了各列之间的线性相关系数，验证了一个较高的数值。每个国家的500强企业数量与研发支出之间的相关性达到了98.9%。每个国家的大型企业数量与专利数量的相关性达到了96.9%，而每个国家的研发支出与专利数量的相关性达到了99.0%。可以看出，这三组数据之间存在很强的相关性，由此推断，一个国家拥有大型企业越多，该地区在研发上的投入就越多，同样，在专利商标局注册的专利数量就越多。

基于上述论证，我们可以得出结论：大型企业在技术生产中确实起到了十分重要的作用,而这恰恰是拉丁美洲所面临的最主要问题之一,即缺乏一定数量的大型企业。当我们分析全球企业排名时,鲜少看到拉丁美洲企业的身影。

为进一步研究,我们将列出 2011 年《财富》榜单上出现的 12 家拉丁美洲公司:

América Móvil

Banco do Brasil

Banco Bradesco

CFE

Ecopetrol

Itaú

JBS

PDVSA

PEMEX

Petrobras

Ultrapar Holdings

Vale

表5 各国大公司的数量和研发支出与专利数量的关系(2011年数据)

	财富		美国专利商标局
	五百强公司数量(个)	科研支出(美元)	年专利数量(个)
德　国	34	87.9	11 920
澳大利亚	8	20.6	1 919
奥地利	1	9.6	753

续　表

	财　富		美国专利商标局
	五百强公司数量(个)	科研支出(美元)	年专利数量(个)
比利时	5	8.2	802
巴　西	7	27.5	215
加拿大	11	27.0	5 012
中　国	61	174.9	3 174
韩　国	14	52.7	12 262
丹　麦	2	6.4	728
西班牙	9	19.7	469
美　国	133	427.2	108 626
芬　兰	1	7.5	951
法　国	35	49.2	4 531
英　国	30	40.7	4 307
荷　兰	12	13.1	1 743
印　度	8	38.0	1 234
爱尔兰	2	3.1	304
意大利	10	23.7	1 885
日　本	68	152.1	46 139
马来西亚	1	3.1	161
墨西哥	3	6.3	90

续 表

	财富		美国专利商标局
	五百强公司数量(个)	科研支出(美元)	年专利数量(个)
挪 威	1	4.9	366
波 兰	1	5.5	57
俄罗斯	7	24.9	298
新加坡	2	8.2	647
瑞 典	3	13.7	1 711
瑞 士	15	10.1	1 663
泰 国	1	0.73	53
土耳其	1	9.4	41
总 计	486	1 275.93	212 061

在全球500强企业中,来自拉丁美洲地区的有12家,仅占2.4%。这一数字不禁让人对拉丁美洲研发生产的未来表示担忧。而根据博斯艾伦公司的最新报告(2011),在全球1 000家技术投资最多的公司中,拉丁美洲地区的公司几乎都来自巴西,例如:巴西石油公司(Petrobras Vale)、巴西能源公司(CPFL Energia)、巴西软件公司(TOTVS)、巴西航空工业公司(Embraer)、巴西钢铁公司(Gerdau)和巴西能源公司(Copel)(具体参见:www.bah.com)。

进一步观察《财富》榜单上12个拉丁美洲公司,可以看到大部分为金融集团或是公共服务运营商,例如来自巴西的布拉德斯科银行(Bradesco)、伊塔乌联合银行(Itaú)、巴西银行(Banco do Brasil)和来自墨西哥的美洲电信(América Móvil)以及墨西哥全球电信公司(Carso)。电力领域的另一家公共服务公司是墨西哥国家电力公司(CFE)。榜单上还有两家为石油领域的企业,墨西哥国家石油公司(PEMEX)和巴西石油公司(Petrobras),一家在矿业领域的企业巴西淡水河谷(Brazilian Vale),最后是一家墨西哥水泥公司西麦斯(CEMEX)。如同博斯艾伦研究指出的那样,从技术生产的角度来看,拉丁美洲最大的企业均不属于电子和信息设备、制药与健康、汽车工业这三个全球技术研发支出最重要的行业。

在下一章中,我们将分析为何拉丁美洲对科学技术的关注度较低,尝试解释投资研发公司数量较少的原因。

| 第 七 章 |

拉丁美洲科技纵览

16世纪初,拉丁美洲的居民以阿兹特克人、玛雅人和印加人为主,他们所拥有的科学和技术知识比同时代的欧洲或中国要高出许多倍。西班牙人从拉丁美洲地区习得天文学、植物学、药理学和冶金学等领域的相关知识,并将其传播到整个欧洲。

尽管拉丁美洲地区人口占世界人口的8.5%,但如今已不再是科学技术知识的供给者。拉丁美洲地区在科学技术投资方面仅占全球总量的1.2%。根据全球研发机构(Global R&D)2011年的数据,全球在研发领域的投资约为1.4万亿美元,其中,拉丁美洲国家仅占310亿美元,大约为拉丁美洲地区所有国家GDP的0.56%,相较20世纪80年代几乎毫无进步。相对于GDP而言,拉丁美洲地区国家平均研发支出仅为0.45%(Malecki,1997),而欧洲平均水平为2.0%,美国平均水平为2.9%。

根据《巴尔特研发杂志》(*Battelle R&D Magazine*)2011年的数据,一些国家的科技支出占GDP比例显示了各国在研发方面的投资情况。即便作为在研发上投入最多的拉丁美洲国家巴西,其数据也远远低于发达国家。这是拉丁美洲地区长期存在的问题,且随着时间的推移,问题的严重性愈发突出。拉丁美洲在国际科学技术领域的重要性越来越小。

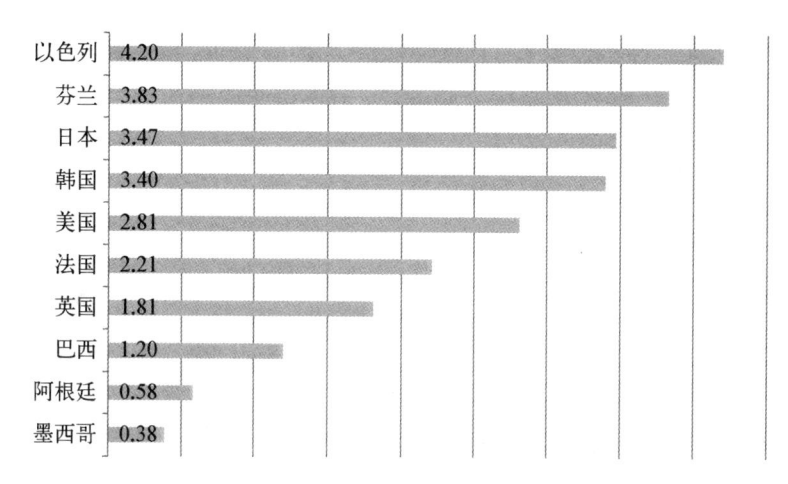

国家	比重
以色列	4.20
芬兰	3.83
日本	3.47
韩国	3.40
美国	2.81
法国	2.21
英国	1.81
巴西	1.20
阿根廷	0.58
墨西哥	0.38

2011 年部分国家科技支出占 GDP 的比重(%)

1999 年,英国科学杂志《自然》(Nature)发布了一期名为《拉丁美洲科学》(Science in Latin America)的增刊,其中一篇来自柯林·麦克维尔(Collin Macilwain)的文章分析了 20 世纪末拉丁美洲的科学和技术概况。但这篇文章仍适用于 21 世纪:"……拉丁美洲的知识分子和科学家抱怨存在于拉丁美洲经济贸易壁垒背后的非竞争性工业基础正在消失"(新自由主义之前)。在这种经济下,科学和技术起到了非常显著的作用:在科学的依托下,通过技术建立国内工业基础,使地区进入发达世界。然而麦克维尔指出,由于缺乏激烈竞争,许多行业在 20 世纪 90 年代新自由主义高峰时期就崩溃了。工厂和企业被卖给了跨国公司,这些跨国公司通过国外引进的技术对它们进行了现代化改造。麦克维尔总结道:在这种新格局中拉丁美洲的科学和技术需要重新定义其角色。

在这方面,哈米什·麦克雷教授(Hamish McRae)在他的著作《2020 年的世界》(The World in the Year 2020)一书中写道:"目前重要的并非技术是在哪里发明的,而是如何应用它。今天无论是在制造业、服务业,还是在医学,甚至是军事领域,所有国家都有机会获得相同的技术。"

第一世界国家目前达到的状态可以通过不同理由来解释。然而,在所有发达国家的经济发展史上,始终存在着一个重要方面,那就是对科学和技术的大量投资。

较为发达的国家意识到国家竞争力是企业竞争力的结果,因此这些国家对科学技术给予了关注和支持,为本地企业创造了具备国际竞争力的条件。例如,美国的信息和电信、德国的机械、日本的机器人技术、英国的生物技术和遗传等领域,可以说是各国较为突出的科学技术。但实际上,没有任何一个国家能实现所有技术的自给自足。尽管这些国家具有在特定领域的技术创新能力,但它们几乎在所有工业领域中都会使用大量技术。创造技术和指导如何使用技术之间存在着非常重要的区别。

毫无疑问,衡量一个国家的技术生产是一个较为复杂的过程,不仅仅取决于在科技上的支出或申请专利的数量。即便如此,在21世纪初,联合国开发计划署(PUND)完成了一项关于各国先进技术程度的研究,并于2004年公布研究结果,其中拉丁美洲的表现非常令人担忧。为了这项调查,联合国开发计划署定义了一个指数,名为先进技术指数(ATI - Advances Technology Index),该指数通过4个因素计算而得。拉丁美洲国家除了极少数例外,几乎都表现得非常糟糕。该指数的具体衡量要素如下:

1. 国家具备技术创造的能力。通过国家每年拥有的专利数量和每项专利的费用进行衡量。

2. 国家传播创新技术的能力。通过互联网的使用情况,以及高科技产品的出口比例进行衡量。

3. 国家传播既有创新技术的能力。通过每个居民的电话线数量(蜂窝式或固定式)加上电能消耗进行衡量。

4. 人员能力。受教育人口的平均年数加上在高中注册的总人数中选修物理、生物、化学和数学课程的百分比进行衡量。

联合国开发计划署调查了 72 个国家的数据，计算出 ATI，并将这些国家分为 4 类：1. 领导者；2. 潜在领导者；3. 积极采纳者；4. 边缘化国家。

共有 18 个国家被列为"领导者"，但均不是拉丁美洲国家。在 19 个"潜在领导者"国家中，有 4 个来自拉丁美洲，分别为：墨西哥、阿根廷、哥斯达黎加和智利。"积极采纳者"共有 26 个国家，其中 13 个拉丁美洲国家：乌拉圭、特立尼达和多巴哥、巴拿马、巴西、玻利维亚、哥伦比亚、秘鲁、牙买加、巴拉圭、厄瓜多尔、萨尔瓦多、多米尼加共和国、洪都拉斯。拉丁美洲地区唯一被列入"边缘化国家"的是尼加拉瓜。

最后来分析一下为什么拉丁美洲在科技领域一直不能脱颖而出。

埃尔贝(Erber，2002)指出了三个结构性原因来说明拉丁美洲对于技术问题缺乏关注以及面临的困难：

1. 无论是从研发方面的支出，还是从在美国发表科学出版物及注册专利的数量来看，拉丁美洲地区的经济实力与科技投入之间的比例都存在不平衡。

2. 科学活动的活跃度比技术活动要高。

3. 进口技术占主导地位，导致拉丁美洲地区自身科技活动的联系非常有限。

弗里曼和苏特对拉丁美洲进行了历史回顾,他们认为直到20世纪50年代初,整个拉丁美洲的工业发展特点都是技术成熟程度较低,且主要依赖于来自美国和德国的技术进口。从50年代下半叶开始,许多国家采取了保护主义措施,试图减少或替代进口。

正是在这个时候,拉丁美洲开始生产技术较为复杂的耐用消费品和中间商品。巴西、阿根廷和墨西哥,基本上采取外国企业投资的战略,且主要集中在汽车装配领域。各国政府相应地也对原材料和基础设施等方面进行了投资,然而却忽略了中等或高密度技术部门。事实上,这些国家并没有很好地吸收外来技术。

自20世纪60年代中期以来,我们协助这些国家建立了许多公共性质的研究机构和中心。但是,其中能获得政府关注和投入资金的项目非常少。尽管如此,其中一部分机构仍在相应的经济领域开展起高质量的研究,并发挥了关键作用。这里举两个巴西的例子。一是航空技术中心(TCA - Centro Tecnológico da Aeronáutica),被认为是巴西航空工业公司(Embraer)成功的主要原因;二是巴西农业研究公司(Embrapa - Empresa Brasileira de Agropeccu),所做的研究大幅度提高了过去几年巴西农业的生产力。马列基(Malecki,1997)认为巴西在这两个领域取得的成就应成为其他拉丁美洲国家效仿的榜样。

马列基(Malecki,1997)表示,拉丁美洲技术的总体情况体现出该地区制度薄弱,政治因素占主导地位的特点,以至于缺乏科学技术的长期战略以及私营部门的参与。按照马列基的分析,即便是最大的拉丁美洲企业也未能在重要的技术发展领域取得积极表现。这一点在博斯艾伦公司发布的1 000项最大研发投资表中得以证实。表中唯一存在的拉丁美洲公司是巴西国家石油公司,位列第 277 位,2004 年的研发支出为 2.38 亿美元,仅占 370 亿美元销售总额的 0.6%。毫无疑问,这是博斯艾伦公司研究报告中最令人担忧的数据之一,换句话说,这份报告中几乎没有拉丁美洲企业的影子。

在拉丁美洲,除了政府以外,商业部门也缺乏对研发的投资。布里托·克鲁兹(Brito Cruz,2004,pp.13 - 15)呼吁关注公司在技术生产中所发挥的作用。如果说大学是培养科学教育的地方,那么企业就是技术得以发展的地方。他引用了美国的一个例子:2001 年,大约有 100 万人从事研发工作,其中 80% 的人在公司工作,只有 20% 的人在大学或政府研究中心工作。然而布里托指出,直至今日,巴西的现状仍差强人意。2001 年,巴西有 12.5 万人从事研发工作,其中 23% 在公司工作。韩国人口是巴西的四分之一,但拥有更多的研究人员,即 16 万人,其中 59% 的人在公司工作。

观察这些数字后,布里托·克鲁兹在提到巴西时表示,"与人们想象的相反,技术创新更多的是在公司而非大学中产生。近年来,巴西出现了一种趋势,认为创新的责任应属于高校。这是一个很大的错误,如果将这一观点落实,将会对巴西大学系统造成严重损害,教育人员将从输出知识的使命中剥离出来。"

斯布拉吉亚(Sbragia,2006)评论说:"目前日本和韩国的企业在研发方面的投入占总支出的 70% 以上。这些国家希望提高其公司的竞争力,就韩国而言,为了让工业渗透到更有活力的市场中,政府鼓励企业积极参与技术革新。"斯布拉吉亚还说,在巴西,只有 23% 的科学家和工程师在私营公司工作,而在美国,这一数字高达 79%。因此他的结论是:"……尽管巴西的科研人员数量有所增加,但这些科研人员却被分配到生产领域(公司)之外,因此即便该国的科学论文数量增加,而专利数量,尤其是在美国注册的专利数量依然持续走低。"

有人指出,拉丁美洲丰富的自然资源是该地区对创新的关注程度较低的一个重要原因。林赛和费尔班克斯认为,当地商人倾向于以自然资源、丰富的原材料和廉价的劳动力等优势在出口市场中占据领导地位,因此,他们并不会为创新创造条件。在这一观念下,拉丁美洲企业不断被亚洲或非洲国家超越,这些国家以更低的价格出售自然资源来进入国际市场。除此之外,林赛和费尔班克斯还指出了创新空缺的另一个原因:企业之间缺乏合作。他们认为,拉丁美洲公司之间不存在合作文化。不同于意大利这样具有集群或工业团体的国家,他们这些团体促进和鼓励企业联合起来,共同寻求国外市场,成立新品牌或共同投资研发。而拉丁美洲的企业家们通常只将目光放在如何排除他们的竞争对手上。

这种互不信任的营商环境扼杀了任何合作的可能性。但在阿根廷、巴西和墨西哥的汽车装配厂及汽车零部件供应商的关系中不存在此类情况,这样的例外很可能是由于这些企业所在的行业以外资占主导地位。

商业合作的缺失导致该地区集群数量较少,正如林赛和费尔班克斯所说:"……我们注意到,由于缺乏集群或相关领域的支持,相应的创新也存在许多空白:企业之间拒绝合作,因此也无法相互学习。"

彼得·迪肯强调,第三世界国家(无论是亚洲国家还是拉丁美洲国家)发展的一个重要特征是国家强大的实力,然而事实是,拉丁美洲的政府并不像亚洲那样成功。他认为,这些国家政府失败的主要原因是缺乏对增加国内出口的关注。亚洲国家,主要关心的是增加工业化产品的出口,而在拉丁美洲,重点则是替代进口。

迪肯希望人们注意到,无论是矿物还是农产品,发达国家生产制成品,发展中国家出售原材料这样旧有的劳动分工将不再奏效。如今,由于生产链的碎片化,商品在世界各地的流动变得极为复杂。然而,现实是一些在拉丁美洲国家设立的生产链通常都受制于总部位于发达国家的企业。例如,汽车、制药、信息设备、电信和电子消费品、化工这些行业。

通常来说,这些公司在拉丁美洲寻求较具规模的厚利市场,同时希望获得可用于生产线上商品最终组装的廉价劳动力。价值链中有任何技术开发的过程,几乎都不会出现在拉丁美洲的子公司,而往往会在这些公司的总部进行,例如北美、欧洲或日本。

拉雷恩(Larrain)在解释为何过去 20 年里拉丁美洲并没有像亚洲那样进步时,认为很大程度上应归因于 20 世纪 70—80 年代的市场封锁和保护主义。这段时期的停滞使拉丁美洲的企业避开了国际竞争,也推迟了基础设施的建设。

按照相同的思路,克利斯·弗里曼和罗克·苏特(Chris Freeman and Luc Soete, 1997)在比较亚洲国家和地区与拉丁美洲在 20 世纪 80 年代的发展时,指出它们在许多方面存在差异。两位学者认为,亚洲国家能够飞跃增长而拉丁美洲国家却停滞不前的原因主要有以下五个方面:

1. 教育系统恶化,应届毕业的工程师人数减少。

2. 存在许多尤其是来自美国的技术转让,但由于本土公司在研发方面的投资较少,吸收学习能力较低。

3. 科技基础设施薄弱。

4. 电信行业发展迟缓。

5. 不注重电子产品领域的发展。

那么政府能做些什么来促进国家在创新方面的蓬勃发展呢？根据波特和斯特恩(Porter & Stern, 2001)的说法，政府只是影响企业创新能力的众多因素之一，但并非是最重要的因素。

波特在1993年出版的《国家竞争优势》(*The Competitive Advantage of Nations*)一书中提到，国家特定的经济领域具备创新潜质，需要有九个关键因素。但他更关心如何使国家的经济部门能够在国际上脱颖而出并取得成功。2001年，波特与斯特恩一起列举了几乎相同的关键因素，并且强调正是这些因素保证了创新的出现。假使一个国家某个经济领域处于技术创新的成功阶段，那么这个领域极有可能在世界范围内被认可。波特和斯特恩认为以下因素非常重要：

1. 高素质的人才资源。

2. 高等院校中良好的研究设施。

3. 高质量的信息基础设施。

4. 存在集群化的而非孤立的公司。

5. 卓越的供应商网络。

6. 消费者对商品质量和种类的需求。

7. 领先于他国具备前瞻性需求的消费者。

8. 本地企业之间的激烈竞争。

9. 鼓励对研究进行投资的本土环境。

然而以上这9种要素，拉丁美洲几乎都有所欠缺，尤其是：

1. 高等院校中良好的研究设施。

2. 充足的风险资本。

3. 领先于他国具备前瞻性需求的消费者。

4. 鼓励对研究进行投资的本土环境。

约瑟夫·斯蒂格利茨(Joseph E. Stiglitz)是当代最受尊敬的经济学家之一,于2001年获得诺贝尔经济学奖。他主要的研究领域是经济发展和技术之间的关系,比如在他与卡尔·沃尔什(Carl Walsh)合著的书中就强调了技术的作用。两位经济学家评论指出,政府鼓励创新最重要的两种方式是保护专利和支持基础研究。此外,他们提出政府应向开发新技术的企业提供补贴。与波特和斯特恩相反,他们支持政府对创新企业采取强有力的行动,同时认识到基于多种原因,小型企业越来越难以实现研究活动。这一现象的主要原因是银行并不为此类研究提供贷款,因此政府补贴显得更为重要。

但是,大多数拉丁美洲国家却没有将促进研究开发的财政措施纳入优先考虑的事项中。在这一问题上进展最快的国家是巴西,直至最近巴西才通过了支持创新的立法,但却也隐晦地避开了激励政策。

值得注意的是,波特和斯特恩在提到拉丁美洲时强调,企业和高等院校之间的互动不足也导致了缺乏创新。他们说,"拉丁美洲的高等教育体系与企业之间的联系留有很大空白,对国家科技政策的参与也偏少。"其他研究拉丁美洲科学技术问题的学者们也证实了这一观点。萨加斯蒂(Sagasti,1981)指出,拉丁美洲存在的一个长期问题是科学和技术生产之间的鸿沟,他认为,这是院校和企业间缺乏联系所导致的结果。

米兰和孔切洛(Millan B. & Concheiro,2000)在分析为何墨西哥在科学技术方面滞后时也引用了同样的观点,并且进一步提到滞后的原因是缺乏制定重点投资领域的产业政策。与其他发达国家中企业作为主要承担研究开发经费的机构不同,墨西哥大部分的支出由政府承担。在日本、德国和美国,私营企业研发经费分别占研发支出总额的 67.1%、61.1% 和 58.4%,而在墨西哥仅为 17.6%。

先前提到英国《自然》杂志 1999 年发表的《拉丁美洲科学》增刊中,一篇专门针对墨西哥的分析文章可以解释上述现象为何普遍出现在拉丁美洲:"有一部分的症结是由于文化。墨西哥并不以北美科学发明家或是企业家为榜样,而是沿袭了欧洲科学家的学术传统,将院校研究人员与产业联系合作的行为视为出卖行为。而从产业方面来说,又缺乏强有力的投资传统。直到 20 世纪 80 年代初,墨西哥还一直实行资产国有化和保护主义的产业政策,因此几乎无法在投资创新上有动力。现在,企业希望实现技术现代化,却并不愿意等待国家科学技术的进步,而更多的是向外国公司寻求帮助。"

一些拉丁美洲国家脆弱的专利制度同样是使得创新和技术发展迟缓的原因:由于缺乏保障专有成果的机制,许多本地企业在投资研发时觉得心有余而力不足。所有的研究活动对公司来说都具有一定风险。因此专利机制的存在至关重要。然而,在拉丁美洲,获得专利却是一件非常缓慢和困难的事情。

总而言之,有许多原因使拉丁美洲国家和企业较少参与技术的发展,其中尤其不能忽视文化方面的因素。用蒙塔纳(Montaner)的话来总结就是:"拉丁美洲真正的悲剧在于,很大一部分有限的资本掌握在那些不致力于创新而是投机的企业家手中……他们不是现代资本家,而表现得像封建土地传统中的领主。"

| 第八章 |

拉丁美洲企业如何变得更具创新性

绝大多数已知的企业内部创新激励模式，都转向了高科技领域的企业，然而正如我们所见，由于拉丁美洲缺乏这些领域的公司，这些模式对拉丁美洲大型企业并无太大助益。换句话说，我们应该讨论如何促进那些技术含量较低或中等的企业的创新发展。创新的重要性是毋庸置疑的，尤其对于商品生产领域来说，这可能是让公司面对竞争对手能脱颖而出的唯一途径。听起来似乎略显荒诞，但事实的确如此，在那些不运用高科技的行业中，寻求创新与其他行业一样重要，甚至更重要。

近几年，相对成熟和稳定行业的生产商已经完成了提高效率和增加市场价值所需的工作：例如引进现代企业集成系统，并且解决了产品生产质量问题。从管理的角度来看，所有大型企业如今都在朝这个方向发展，因此只有一个方法可以为企业创造更多的财富，那就是创新。如今，任何在竞争中脱颖而出的经济领域都是因为担任了创新先驱者的角色。二三十年前质量对于产品来说很重要，如今创新对于产品也一样重要。罗莎贝斯·莫斯·坎特（Rosabeth Moss Kanter，2006）认为："要想在今天的商业中获胜，就需要创新。创新的公司才具备优先权。"

创新并不局限于产品。一家公司即使没有销售技术上优于其竞争对手的产品，也可能具有高度的创新能力。创新可以是过程，可以是经营方式，也可以是管理方式。亨利·福特（Henry Ford）

发明汽车生产线就是一个很好的例子。他的产品与其竞争对手一样,但采用新工艺后,同样的产品价格却变得更便宜。戴尔是世界上最大的电脑制造商,也是第一个在互联网上销售电脑的公司。这一业务模式一直被认为是商业创新的典范。

在竞争日益激烈且瞬息万变的市场中,创新已成为加速销售增长、调整库存价值和建立竞争优势的源泉。

认识到创新的重要性是一件很自然的事情,困难在于如何在组织内部进行创新。加里·哈默尔(Gary Hamel,2000)被认为是世界最优秀的企业创新策略专家,他认为企业缺乏创新有两个主要原因:其一,企业中学历较低的员工没有接受过创新思维方面的培训;其二,这些公司一般不通过流程来刺激创新。此外,谈到创新还有两个至关重要的问题:

1. 如何优化企业制度,如何形成一个真正的创新环境?
2. 如何确保创新在市场上取得成功并带来一定的经济效益?

从语义角度考量,我们需要将发明和创新区分开来:发明是创造或开发新产品的行为,而创新是从中获得商业优势的过程。巴西人熟悉的发明家桑托斯·杜蒙特(Santos Dumont)在发明飞机的 30 年之后,霍华德·休斯(Howard Hughes)创立了商用航空业务。约瑟夫·熊彼特(Joseph Schumpeter,1993)是最早将创新重要性与经济环境联系起来的经济学家之一,他将其定义为"新事物在商业或工业上的应用——新产品、新工艺或新生产方式、新市场或新供应来源、新的商业组织或新的金融方式。"

创新型公司的特点就是对新事物的追求。显然,对创新的追求不是一个孤立的事件,而是包括客户、供应商和各级员工在内的互动过程。对于一个组织来说,创新的第一步是要意识到创新可以来自任何地方或任何人。能够认识到这一点就有希望在整个公司内建立讨论小组,以便听取大多数员工的建议。加里·哈默尔(Gary Hamel, 2000)认为,在具有严格等级制度的公司中,高层领导者是制定策略的主要负责人,但有时高层也会浪费大量不必要的时间,并不能真正表现出创新公司的能力。在拉丁美洲公司过于森严的等级制度下,面临的挑战是如何营造一种鼓励创新的工作环境和文化,让员工不必顾虑表达自己的想法。创新型公司应该在内部创造一种可以让想法得到评估和植入的环境,例如诺基亚(Nokia)、苹果(Apple)和3M等知名企业就是如此。加里·哈默尔表示,致力于创新的大型公司经常犯的错误是变得较为敏感。公司应该给员工留下这样的印象:他们的存在会带来改变,并且他们有能力将自己的想法变为现实。如果最终的目标是创新,那么人才就是最关键的因素。因此,能够胜出的公司不仅拥有最好的专业人才,还应该拥有为其创造条件的环境。

斯布拉吉亚(Sbragia, 2006)强调了内部企业家精神是公司获得创新的主要途径之一。他认为,内部企业家精神可以看作是公司员工具备企业家意识去鼓励组织内部进行创新的能力和精神。在企业内部发展创新精神主要面临着两个困难:对公司面临风险和遭遇失败的零容忍,以及为使员工开发自己项目而让步的研发自主权。此外,企业内部赞助人的存在也是至关重要的,他应是来自企业的高层,以个人名义愿意支持企业家,打开大门、沟通联系、保证资源,以便对各种想法的实行进行测试和发展。正如斯布拉吉亚所说,在项目尚未实现的情况下,显然这样也会分担风险。

汤姆·凯利(Tom Kelley, 2006)是 IDEO 的创始人,也是最伟大的创新专家之一。IDEO 是一家北美创新公司,其目标是为客户(通常是大公司,例如 Apple 或 Nokia)提供构思和创新。凯利强调了人力资本在创新中的重要性,并坚信成功的途径在于组建一支具有不同经验背景的多学科专业人员团队。对他而言,创新的成败在于团队的构想。凯利定义了十种可相互配合以寻求新产品/服务或创新过程的专业人士类型,其中还包括人类学家。他们将新知识和不同观点带到小组中,观察人类行为并加深对人们如何与产品、服务和空间进行身体和情感互动的理解。"传粉者"则探索其他完全不同的领域和公司文化,并将发现与灵感运用在自己的公司中。

大多数企业在计划进行创新时经常犯的错误是,在没有获得大量投资之前,将研发领域如同独立社群一般与公司其他部门分割开来,这样就无法捕捉到公司所面临的问题。很多时候,这些研发领域依赖于资源和人才,然而由于缺乏沟通,没有发挥出应有的功效,在创新方面获得的成果也很小。

博斯艾伦公司在一项研究中指出,创新过程中资金虽非常重要但并非成功的关键。该研究调查了大约 1 000 家全球企业,且证实了投资最多的企业并非一定具备最多的创新,更值得关注的地方是创新的过程和企业内部文化。博斯艾伦公司以高度创新的公司为研究基础,并对致力于在行业中取得成功的企业提出了四点建议:

1. 使创新战略与公司战略保持一致。研究表明,无法一致是企业在研究中浪费资源的主要原因。

2. 知道如何正确地采取行动。许多公司对项目的经济可行性或技术判断错误,从而导致项目失败。

3. 快速有效地管理创新项目。放慢创新速度的危险在于具有相同想法的竞争对手极有可能以更快速度将创新付诸行动,从而轻而易举地超越。另一方面,据罗莎贝斯·莫斯·坎特(Rosabeth Moss Kanter)所说,只有进行大量的投资尝试,哪怕存在失败的可能,才有机会获得最后的成功。

4. 对企业进行重组以拥有创新公司的基因。这意味着积极回应以下问题:① 是否为创新者提供了明确的激励措施?② 是否具备利于创新信息交换的内部渠道?

2005年,《商业周刊》(*Business Week*)杂志发表了一篇文章,根据一些知名的创新企业(例如微软、星巴克、壳牌等)公司高管的观点,揭露了一系列的"创新神话":

1. 创新永远是创造产品——错误的结论:并非总是如此,正如我们之前看到的,过程也非常重要。

2. 创新来源于创造力——错误的结论:创造力很重要,但光靠创造力不能解决任何问题。纪律、指标、关注重点和领导力也是必要的。

3. 创新成本较高且耗时——错误的结论:没错,但若不创新则成本更加昂贵。

4. 创新需要成千上万的想法,因为失败的概率很大——正确的结论:是的。

5. 好的度量标准可以确保高成功率——错误的结论:度量标准是必要的,但还不足够。

贝赞可等人指出,创新型企业面临着一个困境:一方面,组织结构与控制对于协调创新是不可缺少的;另一方面,松弛与灵活可以促进创新、创造和适应环境变化的能力。当谈到如何进行创新时,贝赞可强调创新策略不必只专注于企业内部发展,诸如扩张公司、合资企业和战略联盟之类的方法也可以促进新业务发展或产生新能力。培养企业更具备创新性的方法比比皆是,可遗憾的是直到今天,无论是这一领域的专家学者还是咨询公司都无法给出一个通用的方法。对于追寻和探索创新的过程是每家公司独有的,很难一概而论。其实一件没有方法论而是需要根据创新者的想法逐步实施的事情也非常有趣。洛桑行政管理学院教授维杰·乔利(Vijay Jolly,1997)指出,实现创新有5个关键步骤:

1. 想象:对特定技术发展的市场进行初步了解。
2. 孵化:孵化技术并评估是否可以实现商业化。
3. 演示:进行模拟实验并从投资者和潜在客户处得到反馈。
4. 促进:在市场上采取创新。
5. 可持续性:确保产品或工艺在市场上具有较长使用时间。

与维杰·乔利的观念有所不同,当谈论如何构建让企业变得更具创新性的方法时,不能忽略米基利(Midgley,2009)提出的创新者需遵循的5个步骤:

1. 企业应意识到创新并非是一个项目而是一个计划。企业全员都应参与其中,并且每一位员工都应了解自己与企业创新的关联。这一步中还需制定目标和总体规划。

2. 选择、准备和支持负责构思创新的主要团队。除了对人员做出选择,组建多学科团队外,将团队与企业其他部门进行整合也是至关重要的。

3. 与客户共同创新。米基利认为这一步骤是有效吸引客户的关键,也是他理论的核心。

4. 使组织适应创新。这不仅意味着调整企业组织结构,更需要重新定义员工和管理人员的角色,以便他们优先考虑创新问题。

5. 建立接受创新的市场。从本质上来说，这是一个营销步骤，但米基利强调不仅需要预测消费者的行为，更重要的是能对竞争对手的反应进行预判。

达维拉，爱泼斯塔和谢尔顿（Davila, Epstein & Shelton, 2007）指出，通常进行创新的企业都具备相应的系统和流程。在他们看来，即使一家企业拥有出色的创新战略，但如果企业体系不够完善，则依然会失败。企业制度需要管理大量的创新想法，在将其商业化之前，对其进行仔细观察、选择和完善。就如同一个沙漏，可以容纳各种想法，然后逐渐缩小，使少数几个有可能实现的想法进入商业化阶段。

当谈到如何帮助企业变得更具创新性时，不能忽略克莱顿·克里斯坦森（Clayton Christensen）这位重要的作家，他撰写了许多相关主题的著作，其中最著名的是《创新者的窘境》（*The Dilemma of Innovation*, 2003）。克里斯坦森认为大型企业面临的困境是为了保持增长率，它们进入小市场的能力越来越弱，而恰恰这些小市场明日就会成为大市场。他所提出的"破坏性创新理论"具有非常重要的贡献，在他看来，创新要么是持续的，要么就是破坏性的。持续的创新可以带来更好的产品或服务，而破坏式的创新则带来不被市场评估看好的产品，引入偏离主流市场属性的产品或服务。破坏性创新重新设计了生产链，寻求新的供应商和消费者，并且最初的利润率总是不为乐观的。对此，克里斯坦森选取了个人电脑作为例子，据他所说，有趣的是，打字机制造商并没犯任何错误，然而却没有一家成功的打字机制造商最后变成了个人电脑的制造商。根据这位作者的观点，优秀的公司屈服于破坏性创造，使自身成为优秀的创造往往也导致其成为牺牲品。破坏性的创造并不仅仅体现在技术上有所转变：这是一种营销理念的转变，这种理念与企业盈利制度相悖。另一个例子是电动汽车，大型装配厂从未给予电动汽车应有的重视。这是因为电动汽车的续航约 150 公里，之后就要充电，且电动汽车的发动机动力难与汽油车匹敌。但是，根据克里斯坦森的破坏性创造的理论，装配厂正在犯一个错误，因为它们是在不需要电动汽车的地方销售电动汽车，在这些地方续航里程或动力不需要那么大。

最后，在本章中我们试图罗列出成为创新企业的多种方法，但显然存在各种不同类型的方法，正如我们之前说过的，没有也可能永远不会只有一种方法适合所有的模式。但仔细分析学者们提到的观点，他们却都强调了一个共同的方面：企业内部拥有人才的重要性，即指出了教育的重要性。科学技术最强大的国家也是在教育上投入最多、拥有最优教育体系的国家。

如果我们要为拉丁美洲企业提供唯一的建议，那就是需要确切地知道如何选择负责创新的团队，并且在构思创新的阶段就让客户参与进来。

| 第 九 章 |

拉丁美洲的机遇:

生物科技

生物技术作为科学的一个分支，主要研究生物基因的转移。一万多年前，就出现了有组织性的农业活动，第一批人类群体开始在固定区域定居并建立能自给自足的农村。从那时起，人类开始学习种子的选择、繁殖以及农作物的收割，以寻求能够提高产量的方法。

在古希腊和古埃及文明中，鲜奶通过空气中微生物的作用发酵形成奶酪，葡萄、大麦通过浸泡发酵形成葡萄酒、啤酒，这些工艺被视为生物技术的雏形。几个世纪以来，人类学会了如何利用植物，不断地对其进行基因改良，以求找到更多让身体健康和有益于抗击病毒的食物。直至20世纪中叶人们才能将质量较好的种类相互杂交，改良品种，但同时也将植物中一些不好的特性转移给其他类别。20世纪的最后10年，随着生物技术和基因工程的发展，转基因变得更为安全，实现了转移特定基因的技术。换句话说，现在人们可以获取营养更丰富、更健康的植物和食物。基因改造是一种植入基因的方法，使基因能够抵抗瘟疫、真菌或者有害病毒。转基因生物还可以对农药产生抗性，因此有害草本能被轻易消除。这些都将极大地提高农业产量，降低农产品价格。在未来，生物技术可以增加农作物的营养价值。毫无疑问，20世纪的化学技术使农业和粮食生产取得了极大的进步，也为农业做了它所能提供的一切，例如制成化肥、杀菌剂、杀虫剂和除草剂。目前就能源而言，使用化学技术的成本要高出许多,并且最终还会污染水源。如今,生物技术在农业上取得了巨大进步,并能逐步取代化学技术。

为何说拉丁美洲可以通过生物技术获得巨大的发展机会?答案是:因为拉丁美洲拥有生物技术的基本原材料——基因,以及我们在这方面拥有的知识。亚马逊雨林比地球上其他任何地方都受到了更多的庇护,丰富的生物多样性带来了难以被超越的竞争优势。生物多样性是指生物及生态复合体在地球上各种生态过程的综合。亚马逊生态系统中动植物的多样性代表了目前已知的基因、分子和微生物的最大生物信息。这意味着亚马逊生态系统的生物多样性是开发众多产品(例如药物、食品、化肥、农药、塑料、溶剂、化妆品、纺织品、发酵食品)的关键。亚马逊雨林遍布9个国家,包括玻利维亚、巴西、哥伦比亚、厄瓜多尔、法属圭亚那、圭亚那、秘鲁、苏里南和委内瑞拉,它拥有地球上大约26%的遗传资源,也就是自然界所有生物DNA序列的26%。

显然,亚马逊雨林的重要性并不仅仅是因为它提供了生物技术所需的资源,有人指出,雨林部分地区正逐步被破坏,更是气候变化、环境恶化和全球变暖的原因之一。

拉丁美洲地区需要更加重视生物技术的一个主要原因是,较先进国家在生物技术方面的研究目标和需求与拉丁美洲国家之间存在很大差异。在拉丁美洲,农业部门对生物技术的应用可能是降低食品工业成本、增加产量或发展农村部门的一种至关重要的手段,而这些在较发达的国家却很少列为优先事项。在药品和卫生领域也存在较大差异。对较先进的国家来说,优先考虑的是生产特定要求的药物,例如有关癌症或人类胰岛素生产的问题。然而在拉丁美洲国家,由于疾病对于贫困群体的影响更大,因此生物技术在传染病的诊断、疫苗和免疫学领域的应用,显得更为重要。

热带雨林生物多样性所带来的巨大财富,极有可能成为未来拉丁美洲拥有世界一流制药工业的秘密武器。许多科学家称,拉丁美洲拥有世界上1/4的生物遗传信息,理应加以投资并更好地利用来保护本国的经济。然而现实是,由于复杂技术成本的上升,几乎没有任何一个拉丁美洲国家能够在合成药物市场上竞争。正如我们在本书前面章节中看到的,世界上最大的50家制药企业中并没有任何一家来自拉丁美洲国家。导致这一现象的原因是合成药的研发需要大量资金投入,而拉丁美洲的制药实验室却无法做到这一点。据统计,世界上40%~50%的可用药物是通过对自然界中天然产物的提取进行研究而开发出来的。从这一点来看,热带雨林能为所在的9个拉丁美洲国家节省许多开支。因此,这些国家需要制定相关政策,以利于该地区生产活性成分主要来自热带雨林动植物及微生物的药物。按照杰里米·里夫金(Jeremy Rifkin, 1997)的观点,保护热带雨林的基因,应该像保护南极一样,形成类似的条约。但实际上这一问题非常复杂,仍有许多环节有待商榷。不可否认的是,热带雨林的生物多样性是和拉丁美洲其他贵金属一样重要的资源。北美著名生物学家爱德华·威尔逊(E.O. Wilson)曾说过,在植物中发现一种药理活性成分的成功率是1∶125,而通过化学合成的方法寻找成分的成功率只有1∶10 000。

拉丁美洲许多国家/地区在生物学和医学科学方面都具备出色的专业能力,尤其是巴西,得益于这种能力才能在全球破译基因组的工作中脱颖而出。顺便提一句,巴西农业研究公司(Empresa Brasileira de Pesquisa Agropecuária)被认为是生物技术研究领域最卓越的机构之一,为巴西提供了大部分基因组测序,该机构也为咖啡、香蕉和桉树的基因组建立了基因库。坎皮纳斯农学研究所（Instituto Agronômico de Campinas）是另一个在国际上受到肯定的研究中心，其实验室对木霉菌（一种甘蔗细菌）和咖啡进行了测序。最近，巴西批准了一项法律，允许使用相同的转基因生物（转基因生物，动植物的 DNA 均来自其自身基因组外部）。

其他拉丁美洲国家在这方面同样有许多表现突出的例子。例如，阿根廷目前是世界上仅次于美国的第二大转基因种子生产国。阿根廷的 Biosidus 是世界上唯一一家从转基因动物中获得人类生长激素的公司，他们从牛克隆体中获取了含有人类生长激素（hGh）的基因，这一基因可用于治疗垂体侏儒症。阿根廷也是拉丁美洲在转基因动物和营养植物研究方面最为先进的国家，拥有众多的区域性公司，是转基因种子繁殖方面的领导者。阿根廷国家农业技术研究所（Instituto Nacional de Tecnologia Agropecu）是一家国有企业，在营养基因组的研究和开发项目方面处于领先位置。企业通过改变蔬菜的 DNA，创造出适合每个人遗传特性的营养膳食。研究所在对植物疫苗进行开发的同时，也在致力于研究可生产共轭亚麻酸的转基因向日葵。共轭亚麻酸可以减少脂肪量和胆固醇并增强免疫系统。

墨西哥的水平略落后于阿根廷和巴西，但在生物技术领域也取得了很多成绩。几年前墨西哥创立了国家基因组医学研究所（Instituto Nacional de Medicina Genômica – INMEGEN）。该研究所成功进行了酶的研究，拉拉集团（Lala Group）已经在墨西哥国内市场开始大量生产不含乳糖的牛奶，Gruma 等公司则使用这种添加剂来延缓玉米片的硬化。

显然，国际研究中心已经将目光和兴趣转向了可用于药物创新和食品改良生产的热带雨林。作为亚马逊雨林的所在地,拉丁美洲国家应更好地利用这一优势,政府则需制定相关政策使这一地区的人们都能有所获益。

结 论

正如我们所看到的,拉丁美洲拥有丰富的自然资源和较为廉价的劳动力,这些正是该地区多数大型企业赖以生存的要素。但是,为什么这样一个具有得天独厚自然资源的地区,却未能像世界上其他地区一样成功地实现发展和工业化?本书尝试对这些做出解释。我认为这是由于拉丁美洲地区缺乏大量的全球化企业,也与非专业化的企业管理方式有着很大关联。(但令人高兴的是,即使远不如预期,在过去的 20 年里这一情况已经开始发生转变。)基于这些缘由,尽管拉丁美洲拥有一些强大的公司,但几乎都局限于 19 世纪重要的行业,而非 21 世纪的关键领域。拉丁美洲的饮料、水泥、采矿、农业、渔业或钢铁等行业在全球范围内的表现不算太糟,但还远远达不到应有的水平。正如我们所看到的,当今世界更为发达的国家主宰着世界经济较为先进的行业领域,其中包括通信、软件、硬件、医疗设备或制药工业。换言之,拉丁美洲的大型企业,一般不涉及高科技领域,巴西的航空工业公司 Embraer 和墨西哥的家电公司 Mabe 属于少数例外。但凡拉丁美洲的企业拥有一定规模和体量并进入国际市场,它们往往是技术含量较低的企业,其中大多数生产大宗商品,巴西国家石油公司 Petrobras 和建筑公司 CEMEX 就是很好的例子。

但那些在拉丁美洲就收入和资产而言被视作大型商业集团的企业,与发达国家或地区,甚至韩国的企业集团相比都相形见绌。

由于几乎所有工业部门和服务都较为集中，企业规模成为重中之重。在规模经济的作用下，大规模企业也能具有行政管理能力、营销能力和技术能力。日本和韩国的经济增长都基于一种企业集团模式，它由大企业组成，在大企业周围又产生了许多中小型公司。这些大型企业将品牌传播到世界各地，并取得了巨大的成功，例如索尼、LG、丰田和现代。

在全球扩张及其他因素作用下，拉丁美洲国家具有极大的发展潜力，进驻拉丁美洲的外国企业数量不断攀升；很多时候本地公司为增进实力与外方进行合作，因此合资企业和联盟的数量也随之增加。倘若拉丁美洲企业不选择这条路径，想要成为全球性企业则需向外界展现出它们的实力。事实证明，这两种方式都不容易，尤其是拉丁美洲企业需在全球化的冲击下依旧保有本地市场优势。拉丁美洲地区存在的一个很重要的问题是：与先进国家相比，其大型企业的数量有限。此前，我们提到过一个令人担忧的统计数据：在世界上最大的2 000家企业中，只有不到50家来自拉丁美洲地区。拉丁美洲拥有世界8.5%的人口，却只有不到2.5%的全球大型企业。在对拉丁美洲这些大型企业进行分析后，可以发现它们很少属于最先进的行业，正如前文所述，少数几家总部设立在拉丁美洲的大型跨国公司，所涉猎的大都为传统行业或是大宗商品领域。

拉丁美洲大部分国家面临的情况是，靠出口农产品和矿物来覆盖诸如药品和计算机领域的进口费用。拉丁美洲的自然资源财富像货币一样被日益消费，却未能实现可持续发展的妥善管理。依靠原材料来实现国家发展从来都不是长久之计，欧佩克国家就是一个例子，这些国家以石油为代价以求更好的发展，而实际情况却适得其反。

近些年,全球化以及人口增长,正从根本上影响着拉丁美洲的经济发展和区域环境。地区出口的增长主要是在农业、渔业和矿业领域,这意味着砍伐森林是为了出口木材,并为出口粮食和农产品提供更多土地。

解决拉丁美洲所面临问题的关键是:减少自然资源出口,转向开发和出口更富有技术含量的产品,从而进一步减少这些产品的进口,改善和平衡与一些国家的贸易逆差。

为了增加出口,拉丁美洲国家需要营造一种商业环境,为本土企业提供更迅速的改善和创新的条件。换言之,要赢过外国竞争者,拉丁美洲企业需要具备创新的条件,而创新总是通过已经存在的技术来实现的。

此外,如何充分利用现有的技术也是极其重要的。没有人能预见拉丁美洲是否会像美国和日本那样在短期或中期内涌现新技术,但是拉丁美洲国家可以去学习并熟悉运用国外已经存在的新技术,以知道如何利用新技术并提高它们在各经济领域的竞争力。

拉丁美洲企业面临的挑战是巨大的,需要克服固有文化的阻碍,重新制定企业角色和战略。正如前文中所提到的,文化在企业管理中的重要性不可小觑,它塑造了拉丁美洲独特的企业管理模式。

美国在企业管理方面一直处于世界领先地位。然而拉丁美洲与北美的不同之处在于它们的历史根源,拉丁美洲从 16 世纪起就被当时的欧洲列强所殖民,而加拿大和美国均为移民国家。被剥削的殖民方式在拉丁美洲留下了很深的烙印。对于像西班牙和葡萄牙这样的殖民国而言,它们并不会顾及当地人民的财富和幸福,殖民的主要目标是为谋求经济利益,使城市变得更加富裕。就加拿大和美国来说,殖民者来到那里的目标不同,他们是为了寻找并建立一个新的国家,不是为了剥削致富。这就是为什么在加拿大和美国,大部分的殖民地区没有产生奴工,殖民者也没有把低成本生产当作目标。大量的欧洲人离开本土来到北美是因为当时的宗教冲突,而不是出于商业利益。

历史问题对拉丁美洲的企业管理方式有着根本性的影响:父权制的家庭环境和权贵阶级的社会特点给拉丁美洲带来了寡头政治,导致拉丁美洲商人对自己企业的指挥权具有极大依恋。这就解释了拉丁美洲商人不同于美国商人,为何不愿意放开资本的态度。

拉丁美洲企业起源于贵族制和寡头制的社会且以富裕阶级为中心。自然而然,企业的组织方式就变得类似于家族成员之间的关系。另一方面,几个世纪以来,农业实际上是拉丁美洲唯一的生产活动,它最终废除了在土地方面占主导地位的封建制度,让位于根深蒂固的拉丁美洲文化。

通常拉丁美洲企业都有着不必要的等级结构。由于糟糕的信息管理系统,众多员工在一些无关紧要的任务和沟通问题上耗费太多时间。另外,由于保守的文化和缺乏与国外产品的竞争,大多数管理者轻视了企业战略的重要性。

本书针对这些问题所提出的解决方案,并不能光靠拉丁美洲企业自身的能力解决,政府支持也是极为关键的。想要提高拉丁美洲企业在全球科学和技术领域微不足道的地位,还需突破诸如缺乏教育投资、基础设施薄弱等老大难问题。低效的基础设施增加了运营成本,使企业难以具备国际竞争力。以上这些问题并非各国政府唯一有待改进的地方,拉丁美洲企业还面临着法律体系政治化、腐败、资本市场薄弱、储蓄水平低、信贷和融资困难、利率非常高等问题。例如巴西,税负超过 GDP 的 1/3。

另一个政府和社会需共同实施的重要举措是,像韩国和日本那样,鼓励创立大型企业集团,并且像意大利和美国一般,支持集群的形成。

由于牵涉社会和立法机构,这些眼下存在的疑难杂症对于拉丁美洲地区的许多政府来说都十分棘手。没有运行良好的大型企业、专业的行政管理,拉丁美洲就没有办法在全球化的激烈竞争中脱颖而出;没有企业间横向和纵向的集群,就无法实现规模经济,也无法实现技术发展。以出口作为一个典型的例子,企业只会在它们更具备生产力和竞争力时,才会以一种可持续的方式增加出口量。在很长一段时间之后,巴西的政府和企业家们才意识到这种错误。尽管如此,拉丁美洲很多国家长期存在的误解依然是将增加出口仅仅看作一个宏观经济政策问题,只需改变汇率或利率,或者设置通货膨胀的目标就足够了。实际上,从宏观经济的角度来看,很大程度上政府的策略是正确的,但是所产生的积极成效都是短暂性的,因为问题的根本在于企业,在于它们制定战略的方式,在于它们的管理。解决宏观经济问题是一个必要条件,但这还不足以提升竞争力。重要的是还应关注企业的问题,对它们所处的直接环境采取措施,并帮助它们克服在提高国际竞争力方面遇到的困难。拉丁美洲各国经济政策制定者没有意识到在宏观经济、微观经济以及企业方面的政策空白,各个国家都应深入了解其经济部门的特点,确切地了解每一个行业的机遇、挑战、弱点和强项。为了在国际市场上谋求发展,拉丁美洲国家重要的经济部门都应对生产链进行研究，发现问题和遇到的瓶颈。例如，生产链的原材料供应商技术水平是否落后？如果是，政府是否能推动供应商的技术现代化？对于某些领域，尤其是那些小微企业占主导地位的领域，问题可能源自行政人员缺乏管理能力，不知道如何处理涉外商务问题，那么政府是否能为他们创办一个管理培训项目？

发达国家的政府意识到，在一段时间内，国家的竞争力取决于企业的竞争力。因此，政府努力为当地企业在国际层面的竞争创造条件，并将所有的注意力放在了支持科技领域上。例如美国在制药、信息和电信等领域，德国在机械领域，日本在机器人领域，英国在生物技术和遗传学领域的技术都较为突出。但其实没有任何一个国家可以在所有的技术上自给自足。实际上，真正创造新技术的是企业，正如博斯艾伦公司的研究显示，企业在研发上投入了大量资金。

拉丁美洲国家几乎都有讨论过关于经济变革和改革的重要性这一话题。但如果这些思考缺乏对习俗、观念、习惯等文化方面的考量，那么最终的结论也不会尽如人意。

拉丁美洲企业家的文化行为是否有可能改变呢？或许是有可能的，但需要一个长期的过程。拉丁美洲的问题就像是一种慢性疾病，却亟待短期内的解决方案。拉丁美洲应该向那些能够将自身缺点转化为实现成功的杠杆的国家学习。这样的例子不胜枚举，意大利就是其中之一。由于意大利人对家庭的强烈依恋，适合创建小微企业。不管怎么说，重要的是，拉丁美洲人民要意识到，文化因素对企业管理以及对国家的经济发展都具有深刻影响。

本书的各个章节都有提到拉丁美洲国家的主要错误之一是将发展建立在丰富的自然资源上，因而导致该地区未能优先实现在科技方面的投资，也未能进入技术密集性的领域。尽管看起来很矛盾，但站在 21 世纪的起点，正是由于丰富的自然资源，或者说由于亚马逊雨林生物的多样性，有一扇机会之窗正向拉丁美洲的大部分国家打开。正如先前引用的熊彼特和康德拉捷夫的观点，我们正经历的第五次"信息技术浪潮"，已经处于下行阶段，21 世纪在很大程度上将由第六次浪潮所主宰，即生物技术。来自亚马逊雨林的动植物资源在很大程度上能够助力生物技术的发展。或许，从未在国际经济格局中扮演重要角色的拉丁美洲，也从未有过这样的机会正向我们敞开大门。

参考文献

Arbix. G., *Inovar ou inovar: a indústria entre o passado e o future*, São Paulo: Papagaio, 2007. *its problems and its promise*. USA: Boulder, 1998.

Arruda C. A. and Schneider S., "Gerenciando através de culturas" in Arruda C. A. and Vinagre H., eds. *Internacionalização de Empresas Brasileiras*, Rio de Janeiro: Qualitymark, 1996.

Besanko D., Dranove D., Shanley M. and Schaefer S., *A Economia da Estratégia*, Porto Alegre: Bookman, 2006.

Black J. K., *Latin America: its problems and its promise*, USA: Boulder, 1998.

Blakemore H., Collier S. and Skidmore T., *Latin America and the Caribbean*, New York: Cambridge University Press, 1992.

Booz Allen, "The Booz Allen Hamilton Global Innovation 1000: Money isn't everything", *stratrgy + business*, issue 41(Winter 2005).

Brito Cruz C. H., "A Universidade, a Empresa e a Pesquisa", *Instituto de Física Gleb Wataghin*, *Universidade Estadual de Campinas*, "*Get Creative*", *Bloomberg Business Week*, August 1, 2005.

Caldas M. and Wood T., "Indigestão Antropofagica", *GV Executive*, vol. 1, No. 1, p. 41, 2002.

Cardoso F. H. and Faletto E., *Dependency and Development in Latin America*, Berkeley: University of California Press, 1979.

Christensen C., *The innovator's dilema*, Boston: Harvard Business Press,

1997.
Christensen C. and Raynor M., *O crescimento pela inovação*, Rio de Janeiro: Elsevier, 2003.
Davila T., Epstein M. and Shelton R., *As Regras da Inovação*, Porto Alegre: Bookman, 2007.
Davis S., *The Diffusion of Process Innovation.*, Cambridge, 1979.
Del Pozo P., *Aspectos Tecnologicos de la Modernización Industrial de México*. México: Fondo de Cultura, 1995.
Dicken P., *Global Shift*, New York: The Guilford Press, 1998.
Drucker P., *Inovação e Espírito Empreendedor*, São Paulo: Pioneira, 1987.
Dupas G., *Economia Global e Exclusão Social*, São Paulo: Paz e Terra, 1999.
Erber F., *Perspectivas da América Latina em Ciência & Tecnologia*, Rio de Janeiro: UFRJ, mimeo, 2002.
Fairbanks M., Lindsay S., *Arando o Mar: Fortalecendo as fontes ocultas de crescimento em países em desenvolvimento*, Rio de Janeiro: Qualitymark, 2000.
Fleury A. and Fleury M. T., *Aprendizagem e Inovação Organizacional*, São Paulo: Atlas, 1997.
Freeman C. and Soete L., *The economics of Industrial Innovation*, Cambridge: MIT Press, 1997.
Fukuyama F., *Trust*. New York: Free Press Paperbacks, 1996.
Galbraith J. K., *O Novo Estado Industrial*, São Paulo: Pioneira, 1978.
Galeano E., *Open Veins of Latin America: Five Centuries of the pillage of a continent*, New York: Monthly Review Press, 1997.
Gwynne R. and Kay C., *Latin America transformed*, London: Arnold, 1999.
Hamel G., *Leading the revolution*, Boston: Harvard Business School Press, 2000.
Harrison L. and Huntigton S., *Culture Matters: How Values Shape Human Progress*, New York: Basic Books, 2000.
Hickson D. and Pugh D., *Management Worldwide: The impact of Societal Culture on Organizations around the Globe*, Londres: Penguin Books,

1995.

Hobsbawn E., *Era dos extremos: O breve século XX 1914 – 1991*, São Paulo: Cia das Letras, 1999.

Hofstede G., *Culture's Consequences: International Differences in Work — Related Values*, New York: Sage, 1980.

Jolly V., *Commercializing New Technologies*, Boston: Harvard Business School Publishing, 1997.

Kanter R. M., "Innovation: The Classic Trap", *Harvard Business Review*, November 1, 2006.

Kelley T. and Littman J., *As Dez Faces da Inovação*, Rio de Janeiro: Elsevier, 2006.

Kondratieff N., "The long wave in economic life", *Review of Economic Statistics*, vol. 17, pp. 105 – 115, 1925.

Krugman P., *Development, Geography and Economic Theory*, Cambridge: MIT Press, 1995.

Landes D., *Riqueza e a Pobreza das Nações: Por que algumas são tão ricas e outras são tão pobres*, Rio de Janeiro: Campus, 1998.

Larrain J., "Cultural Change in Latin America", in Gwynne R. and Kay C., eds, *Latin America transformed*, London: Arnold, 1999, pp. 182 – 202.

Macilwain C., "As chances da América Latina", *Nature*, nol. 398, April, 1999.

Malecki E., *Technology & Economic Development*, London: Longman, 1997.

Marshall A., *Principles of Economics*, London: MacMillan and Co, 1920.

Mcrae, H., *O Mundo em 2020*, Rio de Janeiro: Record, 1998.

Midgley D., *The innovation Manual*, Sussex-England: Wiley, 2009.

Millan B. and Concheiro A., *Mexico 2030: Nuevo Siglo, nuevo país*, México: Fondo de Cultura, 2000.

Montaner C. A., "Culture and the behavior of Elites in Latin America", in Harrison L. E., ed., *Culture Matters*, New York: Basic Books, 2000, pp. 56 – 64.

Myrdal G., *Asian Drama: An Inquiry into the poverty of the Nations*,

EUA: Pantheon, 1968.
Organization for Economic Cooperation and Development (OECD), OECD statistical database, http://www.oecd.org.
Porter M., *A Vantagem Competitiva das Nações*, Rio de Janeiro: Campus, 1993.
Porter M. and Stern S., "Inovação e Localização de mãos dadas", *HSM Management*, vol. 6, nol. 30, Jan./Fev., 2002.
Prestes Motta F. C. and Caldas M. P., *Cultura Organizacional e Cultura Brasileira*, São Paulo: Atlas, 2007.
Quijano J. M., *Empresas, innovación y empleo*, Caracas: Sela, 1998.
Ray A. S., "Rumo à globalização: aspirações e apreensões econômicas da Índia no novo milênio", in Villares F., org., *Índia, Brasil e África do Sul*, São Paulo: UNESP, 2006.
Rifkin J., *O Século da Biotecnologia*, São Paulo: Makron Books, 1999.
Romer P., "Endogenous Technological Change", *Journal of Political Economy*, vol. 98, nol. 5, October 1990, pp. 71–102.
Sachs J., "Notes on a Sociology of Economic Development", in Harrisson L. and Huntigton S., eds., *Culture Matters: How Values Shape Human Progress*, New York: Basic Books, 2000.
Sagasti F., *Ciencia, Tecnologia y Desarollo Latinoamericano*, México: Fondo de Cultura, 1981.
Sbragia R., Stal E., Andreassi T. and Campanário M. de A., *Inovação: Como vencer este desafio empresarial*, São Paulo: Clio, 2006.
Schumpeter J., *Capitalism, Socialism and Democracy*, London: Allen & Unwin, 1943.
Solow R., "Technical Change and Aggregate Production Function", *Review of Economic and Statistic*, pp. 312–320. 1957.
Stiglitz J. and Walsh C., *Introdução à Microeconomia*, Rio de Janeiro: Campus, 2003.
Studwell J., *The China Dream*, London: Profile Books, 2003.
Tanure de Barros B. and Spyer Prates M., *O Estilo brasileiro de Administrar*, São Paulo: Atlas, 1998.
Thurow L., *Cabeça a cabeça*, São Paulo: Rocco, 1992.

Weber M., *The Protestant Ethic and the Spirit of Capitalism*, Londres: Allen & Unwin, 1930.

World Bank, World Bank statistical data base, http://devdata.worldbank.org/wdi2006/contents/Table4_1.htm.

全球最大企业排名参考期刊和网站

"As 500 maiores empresas da América Latina", América Economia, July 14, 2011.

"The Business Week Global 1200", Business Week, December 26, 2005.

"2000 Globais", Forbes, May 2012.

"Fortune Global 500", Fortune, July 2012.

Latin Trade, August, 2012, www.latintrade.com.

USPTO, May, 2012, www.uspto.gov.

附 录
本书所涉 100 家拉丁美洲大型企业简介

Altos Hornos

该公司成立于 1942 年,位于墨西哥奇瓦瓦(Chihuahua)铁矿场附近。1970 年被联邦政府征用,1991 年被 Acerero Del Norte 集团收购再次私有化。公司现年产量 400 万吨钢材,拥有员工 1.7 万人。该公司生产覆膜铁,负责提取铁矿石和碳,并将其用作原材料,这是一项降低成本的纵向战略。

除了生产钢铁,它还负责植物木炭及铁和碳的开采。公司战略是通过垂直整合降低成本。

Altos Hornos of Mexico, S.A. of C.V.(AHMSA)是墨西哥最大的钢铁公司,在墨西哥科阿韦拉州(Coahuila)中心的蒙克洛瓦(Monclova)设有办事处,距离美国边境 155 英里。在包括热轧卷板、马口铁和无锡钢在内的扁钢的生产和商业化方面处于全国领先地位,此外它还生产重型和轻型的扁钢产品。该公司在帕劳(Palau)有自己的木炭矿场,距离蒙克洛瓦 70 英里。钢铁的主要来源是科阿韦拉州的赫拉克勒斯(Hercules)AHMSA 所拥有的一座矿山。钢材从此处通过一个横跨科阿韦拉沙漠 180 英里的铁路运输。该公司在其他州也有铁矿场。

Abril

Abril Group 是一家总部位于圣保罗的巴西传媒集团,旗下出版公司包括 *Veja* 杂志、Aica 出版社和 Scipione 出版社,主要出版教育类书刊,也涉猎其他领域。

门户网站 Abril,负责发布集团旗下公司生产的内容,与巴西《圣保罗页报》(*Folha de S. Paulo*)皆是互联网网站 UOL 的创始人之一。Abril Group 在电视节目方面的表现更引人注目:它是 HBO Brazil(HBO、Cinemax、索尼娱乐电视台、华纳频道)、娱乐与体育电视网(ESPN Brazil)、精彩电视台(Bravo Brazil)、欧洲频道(Eurochannel)、音乐电视台和音乐电视网(MTV Brazil)的合作伙伴。此外,它还推动巴西订阅电视的发展,推出了巴西付费电视运营商 TVA。

Abril Group 致力于在最大限度上满足不同的需求,包括不同性别、年龄、品位和生活方式。Abril Group 关注巴西社会和全球近几十年来发生的变化,分析巴西公众在不同时代和背景下的潜力,始终寻求创新和差异化,不断为不同类型的消费者创造更多的选择。

Aceiteria General Deheza

Aceiteria General Deheza(AGD)是一家农工公司,除油、食用油和植物外,其业务还转向生产植物蛋白。作为一家油、谷物及其衍生物、生物柴油、果汁和大豆的供应商,其产品出口至 29 个国家,主要面向欧盟和中东,占阿根廷总出口量的 30%。

该公司的主要业务是制造蛋白质和植物橄榄油，全程参与产品的种植、包装及装货过程。与另外八家公司联合，AGD 分为四大商业部门：谷物和油籽、坚果、品牌和农业。

AGD 是小麦、玉米和高粱等谷物的大型出口商。主要消费国是安哥拉、巴西、哥斯达黎加、智利、美国、海地、以色列、日本、巴拿马、波多黎各、俄罗斯、乌拉圭和委内瑞拉。坚果主要销往欧洲国家，例如荷兰、英国、法国、意大利、德国、西班牙等。AGD 使阿根廷成为仅次于中国的第二大国际优质坚果出口商。市场上，它大约占阿根廷出口总额的 25%。

Alfa

Alfa 是一家墨西哥企业集团，由四个业务领域组成：Alpek（石化和合成纤维）、Sigma（冷藏和冷冻食品）、Nemak（铝）和 Alestra（电信）。集团拥有约 42 000 名员工，其产品在墨西哥、美国、加拿大、德国、捷克共和国、多米尼加共和国、哥斯达黎加和萨尔瓦多生产，销售至 40 多个国家。集团资本开放，公司股票在墨西哥股票市场和西班牙股票市场上市。

成立于 1974 年的 Alfa 石化工业集团是墨西哥最大的石化原料生产商，由四个部门组成：Alpek、Nemak、Sigma 和 Alestra。

Alpek 是墨西哥最大的私有石化产品生产商，也是拉丁美洲最重要的生产商之一。它主要生产合成纤维，如聚酯，聚丙烯，聚苯乙烯和尼龙。该公司采用全球最先进的技术运营，并与该领域其他的技术和市场份额领导者公司建立了战略联盟。

就战略联盟而言，Alpek 与杜邦（DuPont）成立了一家合资企业,在相同部门进行尼龙、聚酯纤维和氨纶纤维的生产和商业化。整合而成 DuPont-Akra 公司,使两家公司拥有了更具竞争力的地位。

Nemak 是一家为汽车工业生产高科技铝制零件的制造商,由阿尔法(Alfa)和福特汽车公司(Ford Motor Co.)合资组成。它们专门生产供汽车工业制造发动机和内燃机的铝圆柱头和汽车外壳。

Aluar

阿根廷铝业公司(Aluar)是阿根廷最大的铝生产商,也是拉丁美洲最大的铝生产商之一。其主要产品是生产用于建筑和工业项目的叠层钢筋和精加工铝锭中的原铝。公司主要面向亚洲以及拉丁美洲的外部市场。该公司专注于铝市场,大部分能源由自己生产。

Aluar 是一家拥有阿根廷国家资本的公司,其业务包括生产铝液和定制产品,这些产品销往汽车生产领域、医院、水电站和水处理厂。它的产量几乎完全满足了阿根廷的需求,还有 60% 的产量流向了外部市场。

公司业务由两个工厂进行,一个是"初级部门",负责为各行业部门生产原材料(铸锭、层压、线轴);另一个是"精细部门",根据公司的市场需求提供服务。

AmBev

安贝夫(AmBev)是巴西最大的消费品私企,也是拉丁美洲最大的酒厂。

在与加拿大拉巴特(Labatt)公司合并后,也在北美开展业务。安贝夫给自己起名为美洲酿酒厂。其啤酒品牌有：Antarctica,Brahma, Bohemia, Skol, Stella Artois, Caracu, Kronembier, Labatt, Blue, Polar, Quilmes, Miller 和 Serramalte。这家公司的足迹几乎遍布整个拉丁美洲。

安贝夫是由 Antarctica 和 Brahma 两家公司合并而成的,如今与比利时英特布鲁(Interbrew)公司同属英博集团(InBev)。为了实现规模经济,AmBev 生产其他例如苏打水和冰茶等饮料。在2008年收购百威后,成为世界上最大的啤酒厂。

安贝夫是国际公认的拉丁美洲管理最好的公司之一,其公司环境也被视为拉丁美洲最受年轻高管青睐的公司环境。

América Móvil

墨西哥美洲电信公司(América Móvil)是一家由卡洛斯·斯利姆(Carlos Slim)家族持有的墨西哥公司,是拉丁美洲最大的移动电话公司。如果按用户数量计算,该公司也是世界第五大移动电话服务提供商。

墨西哥美洲电信公司于2000年在墨西哥城成立,通过其子公司为整个拉丁美洲提供固定电话、无线和移动电话等电信服务。品牌在墨西哥名为 Telcel,在阿根廷和巴拉圭为 CTI Móvil,在巴西和秘鲁称为 Claro,在智利称为 Smartcon,在哥伦比亚称为 Comcel,在厄瓜多尔称为 Porta,在危地马拉、萨尔瓦多和洪都拉斯分别称为 Alo、Perosnal 和 Enitel。

如今,该公司在15个国家为1.248亿用户提供服务。公司成立以来通过有机增长和收购迅速扩张,约 75％的公司用户群是通过有机增长获得的。在过去 6 年中,该公司的用户群每年以 40％的速度增长,而在拉丁美洲的市场份额从 2000 年的不到 20％已经增长到 2006 年的接近 48％。

自从该公司在拉丁美洲扩大业务以来,移动电话在该地区的渗透率显著增长,从 2000 年约为 13％,增长到至今约为 55％。拉丁美洲在未来三年内有望增加 1 亿新用户,其中大约一半将成为 América Móvil 的用户。

Antofagasta

Antofagasta 公司主要从事三个产业:采矿、运输和配水。其中最重要的是采矿业,该公司主要集中在铜矿开采,在智利拥有三座矿场,另外在厄瓜多尔、哥伦比亚、巴基斯坦也有矿场。该公司的运输部门在智利北部和玻利维亚进行运营,主要通过火车运输电解铜和采矿设备,以及公共汽车运输、工程和大型用户的水资源调度和分配。此外,它还拥有一条玻利维亚铁路(FCAB)50％的股份。

Antofagasta 公司在获得智利安托法加斯塔地区的水分配许可权之后,于 2003 年进入了配水市场。该公司负责污水收集、分配,以及废水处理,具有两种类型的经营许可业务:为矿厂和其他工业用户供水和为家庭用户供水。

在所有的业务中,最重要的是采矿业,其他业务则是为了降低采矿业总成本开展起来的对采矿业务的补充。

公司的采矿活动集中在智利的三个重要铜矿(Los Pelambres

El Tesoro 和 Michilla)。佩拉姆布雷斯(Los Pelambres)的矿井规模较大，目前已知的储量能够支持30年的铜矿勘探，且地质资源允许在未来进行扩张开采。佩拉姆布雷斯矿山采用的高科技开采方式则保证了铜的低生产成本。

在其更重要的采矿业务中，还有 Empresa de mantos Brancos（铜）、智利化学矿业公司 SQM（硼酸盐和碳酸锂）、Companyhia Mineira Zaldivar（铜）、Minera Escondida（铜）和 Atacama Minerals（硝石）等。

Aracruz

Aracruz 公司成立于1972年，隶属 Safra, Lorentzen 和 Votorantim 集团，主要生产纤维素，是世界上最大的白桉树纤维素生产公司之一。

该公司是漂白桉树纤维素生产的世界领导者，年产约320万吨，占该产品国际供应量的24%。该公司也参股了由美国惠好（Weyerhaeuser）集团控制的公司 APM（Aracruz Produtos de Madeira）。

技术上的投入保证了公司在市场上的优势。Aracruz 公司的研究与技术中心致力于研究适合客户采用的生产流程，以便更好地服务客户。提供种类繁多的低附加值产品（商品），以较低的生产成本和有说服力的质量在市场上参与竞争是至关重要的。

与竞争对手相比，Aracruz 的主要竞争优势是工厂与森林的距离约50公里，而 Suzano 和 Votorantim 的工厂与森林距离却超过100公里。因此，Aracruz 的运输成本比竞争对手更具竞争力。

Arcor

雅可(Arcor)是一家成立于1951年的阿根廷公司,在拉丁美洲拥有35家工厂,产品销往120多个国家,主要集中在阿根廷、巴西和智利。该公司实现了多次收购,包括最近在巴西收购了法国达能(Danone)的业务,如今已成为该行业全球最大的公司之一,在糖果、饼干、巧克力和食品领域每天生产和分销超过1 500种产品和约200万公斤食品。

雅可在阿根廷、巴西、智利、墨西哥和秘鲁设有41家工业厂房,糖果、巧克力和甜食占一半销售额。雅可在阿根廷高度集中的市场中遥遥领先。在墨西哥,该公司与宾堡(Bimbo)集团签订了一项协议,决定投资一家糖果和甜食工厂。产能的增加缓解了阿根廷工厂的负担,使它们能够更好地满足当地需求,同时满足中美洲和北美的需求。糖果和谷物棒占全部销售额的三分之一。2005年,公司的饼干业务与达能(Danone)集团合并。

在阿根廷,糖果是从原料种植到制造的一体化生产产品。该公司在全球范围内拥有充足的供应商基础,且没有任何一家供应商占总供应量的5%以上,可见对供应商的依赖程度较低,以及面临供应不足的风险较低。此外,其生产成本还受到如玉米、糖和可可等商品价格变化的影响。

Bal/Peñoles

Bal集团下的Peñoles工业公司隶属采矿、冶金和化工行业,被视为世界上第一个精炼银、金属铋和

硫酸钠的生产商,同时是拉丁美洲最大的铅和精炼锌生产商,也是墨西哥第一个精炼金的生产商。通过 Peñoles 向客户提供高质量的产品和服务,并与其供应商保持长期的生产关系,该集团力求以可持续的方式为不可再生的自然资源累积价值。Peñoles 成立于 1887 年,自 1968 年起在墨西哥上市。公司在墨西哥境内矿区开展矿物开采和加工业务,其中包括世界上最大的银矿以及墨西哥最大的金矿。

Banco De Chile

智利银行(Banco de Chile)自 1893 年以来一直是智利金融市场的领导者,在资产回报率和股东利益方面成为最大和最成功的银行之一。智利银行是智利最大的国有资本银行,在所有金融机构中排名第二。它在智利境内拥有超过 300 亿美元的资产和大约 300 个机构。2006 年,智利银行的所有者 Quimenco 集团宣布与花旗银行(Citibank)平等合并,即双方各持有该银行 50% 的股份。

Banco Do Brasil

巴西银行(Banco Do Brasil)是巴西和拉丁美洲最大的银行,其最大的股东是巴西政府,持有 70% 的表决权股。银行拥有 2 400 万客户并在巴西有超过 1.5 万个服务岗位。目前巴西银行遍及 21 个国家并拥有 8.6 万名员工。就银行业绩表现而言,农村信贷表现突出,在小额银行业务方面也具有非常大的影响力。2008 年,巴西银行收购了两家重要的巴西的银行:圣保罗州立银行(Nossa

Caixa)和沃托兰廷银行(Votorantim)。

Banco de la Nación

阿根廷国家银行(Banco de la Nación Argentina)是阿根廷最重要的银行,拥有643家机构、56.3万名客户和260亿资产,完全由阿根廷政府控制。银行成立于1891年,是阿根廷执行货币政策的主要机构。从历史上看,被认为是阿根廷农业工业和中小型企业的主要支持者。

Banorte

墨西哥北方银行(Banorte)经历了多次伙伴关系转型,运营模式从1985年沿用至今,由墨西哥历史最悠久的金融机构控制。该银行在墨西哥境内拥有超过300亿美元的资产,近1 000家机构以及超过11 000名员工,是墨西哥唯一一家非外资的大型银行。墨西哥北方银行极具活力且不断寻找新的商机。该银行与墨西哥邮政局建立了合资企业,使该银行进入完全"非银行化"的领域。另一个例子是它在美国购买了一家小银行,以促进与拉丁美洲裔美国人之间的联系。

Bertin

Bertin集团拥有30多年的市场经验,是一家100%国有资本控股的公司,主要从事农工业、基础设施和能源产业。总部设在圣保罗州,有42个生产

单位，拥有 3.5 万名直接合作者。公司拥有强大的品牌，为消费者提供良好的产品和服务，除国内市场，其服务对象遍及五大洲，超过 80 个国家。

在农产品生产方面，Bertin 集团专注于肉牛产业链的总体优势。Bertin 农业公司投入大量科研经费于肉牛的繁殖，使用最先进的技术进行 Nerole 品种的改良，其研究成果得到国际认可。结合自然和工业化的条件，Bertin 食品以其规格和特殊切割法将牛肉进行了很好的商业化。

该公司维持着一个工业集团，根据垂直化战略专注于六个业务领域：农业、食品、皮革、个人防护设备、卫生和美容，以及宠物产品。在基础设施领域，公司在建筑、公交车经营许可权以及基本卫生设施等领域已获许可权。在可再生能源领域，它与小型中央水电站、生物柴油厂和酒精厂建立合作关系。集团甚至还拥有一个度假村。

Bimbo

宾堡集团（Bimbo Group）目前是世界领先的烘焙公司之一，在美国排名第一。在 3 大洲 15 个国家有 72 家工厂，生产白面包、餐包、蛋糕、饼干、椒盐卷饼、巧克力和糖果等大约 5 000 种产品，拥有 100 个知名品牌，200 多个仓库和世界上最广泛的分销网络，包括 32 000 多条路线和超过 38 000 个运输工具的矩阵，为 150 多万个销售点提供服务。

其生产链包括挑选谷物、面包生产，以及储存和分销。宾堡集团于 1945 年在墨西哥成立，自 1980 年起在墨西哥股票市场上市。

墨西哥的宾堡集团（Bimbo 和 Barcel）是生产白面包和餐包的

领导者,在饼干、椒盐卷饼和糖果市场排名第二。在美国(称为BBU),该集团在得克萨斯州、加利福尼亚州处于领先地位,在全国市场占有率排名第四。在拉丁美洲(称为OLA),该集团分布在12个国家开展业务,并在其中10个国家成为领先品牌。

在拉丁美洲,销售额的显著增长主要归功于分销网络的扩展。在美国的沃尔玛(Wal-Mart)、好市多(Costco)和塔吉特(Target)超商的货架上有许多该品牌的产品,西班牙裔消费者为主要消费者。该集团约三分之一的收入来自墨西哥境外。

Bradesco

布拉德斯科银行(Bradesco)成立于1943年,60多年来位列巴西和拉丁美洲的私人银行之首。由于与伊塔乌银行(Banco Itaú)和联合银行(Unibanco)的合并才失去第一的位置。布拉德斯科银行逐渐吸引小业主和购买力较弱的人。其资产达到2 500亿美元,并参与了众多巴西公司,为淡水河谷公司(Vale)的最大股东。在国际上被公认为信息技术应用的先驱之一,推出许多银行自动化业务。

Braskem

巴西布拉斯科公司(Braskem)是拉丁美洲最大的石化公司,主要业务为生产热塑性树脂(如聚乙烯、聚丙烯、PVC和PET),生产基础石油化工产品如乙烯、丙烯、苯、己内酰胺和DMT,以及汽油、GLP(烹饪气体)和中间产品,在拉丁美洲处于领先地位。

与同行业的其他公司相比,Braskem 具备竞争优势。首先,它在该领域拥有拉丁美洲最大和最现代化的研究中心,能够为石化和塑料整个生产链积累价值。另外 Braskem 是巴西第一家综合性石化公司。这使负责第一阶段的部分(负责基本原材料生产相关的商业周期)得以供给负责热塑性树脂的第二阶段。生产链中的整合带来大规模的生产和运营效率。

Braskem 的愿景是成为世界级的石化公司,将聚乙烯、聚丙烯和 PVC 作为战略重点,巩固在拉丁美洲热塑性树脂市场的领导地位,并整合其主要原材料业务。

Camargo Corrêa

Camargo Corrêa 集团由塞巴斯提奥·卡马戈(Sebastião Camargo)于 1939 年在圣保罗郊区成立。他从一家小型建筑公司开始,随着巴西的发展逐步将其业务变得多样化。目前,Camargo Corrêa 集团的业务遍布 20 个国家,有大约 5.7 万名专业人员。业务涉及七个领域:工程;建筑与公司注册;环境;鞋类和纺织;钢铁冶金;特许经营权;水泥。

多年来,该公司已成为规模较大的建筑商,参与超过 1 000 个项目(包括移民高速公路和 Bandeirantes 公路、巴西-玻利维亚天然气管道、安格拉核电站 1 号,及伊利亚、伊泰普和库鲁伊水电站)。

从 2003 年到现在,随着世界经济以及建筑产业的良好发展,Camargo Corrêa 集团的规模扩大了超过一倍。集团的业务发展有助于最大程度地减少住房、基础设施的赤字并满足经济增长带来的消费增长。毫无疑问,Camargo Corrêa 集团的工程和建筑部门是该公司最重要的业务部门，占据了集团净收入的 27%，涉及各类建设，例如机场、水坝、铁路、煤气管道、水电站、输电线路、地铁、采矿单位、建筑、桥梁、港口、公路、城市道路、变电站、热电和工业单位。目前该领域企业雇用了 2.81 万名员工，几乎占整个集团的一半员工数。

CANTV – Compañia Anônima Nacional Teléfonos de Venezuela (Anonymous National Telephones of Venezuela)

委内瑞拉国家通信公司（CANTV）成立于 1930 年，是委内瑞拉最大的固定电话、移动电话、互联网和信息服务供应商。该公司在员工、退休人员、国家资本和战略投资等方面都采用混合管理结构。CANTV 拥有在媒体领域最先进的技术，加上管理模式的优化发展，对于其服务范围和质量的提升有很大帮助。如今，经过 15 年的私人企业管理过程，CANTV 又进入了一个新的阶段（国有化过程），这代表该公司及其产品的管理模式有所变化。在 20 世纪中叶至 21 世纪初，CANTV 经历了不同阶段。1953 至 1991 年期间，曾采用公共行政管理模式，1992 至 2007 年的 15 年间，作为私有企业发展经营，而从 2007 年开始，该公司又收归国有，由委内瑞拉政府管控。

Carso

卡苏集团（Carso Group）是一家控股公司，负责墨西哥富豪 Carlos Slim 家族除电信业务以外的所有业务。该控股公司成立于 1990 年，由 Industrial Carso 和 Inbursa Group 两家企业合并而成。卡苏集团主要的子公司包括：

• Sanborns Group：经营 137 家 Sanborns 连锁店及餐厅、31 家 Sanborns 咖啡厅、71 家 Sears 商店、54 家 Dorian's Tijuana 商店；

• Cigatam：烟草公司，生产的主要品牌为万宝路(Marlboro)、本森(Benson & Hedges)、玲珑(Delicados)等；

• Condumex Group：卡苏集团主要的工业子公司，为建筑及基础设施、能源、汽车工业、电信市场提供生产和商业服务，同时还参与部分采矿业的业务；

• Porcelanite：地板、瓷砖的陶瓷涂料生产商；

• Carso Infraestructura y Construcción(CICSA)：为基础设施部门子公司，下设四个领域，化学和石油工业制造和服务、基础设施项目、建筑及管道安装。

卡苏集团还拥有高级战略合作伙伴，例如汽车领域的德尔福汽车系统公司(Delphi Automotive Systems)及德纳公司(Dana Corporation)；烟草制造商菲利普·莫里斯公司(Philip Morris International)；分销商美国西尔斯公司(Sears Roebuck USA)。

Condumex 加入了约 50 家不同的公司，其主要经营范围是为建筑、能源、电子、汽车和电信行业提供生产和商品化的服务。在 Condumex，最引人注目的是技术发展。

Casas Bahia

巴伊亚之家(Casas Bahia)由塞穆尔·克莱恩(Samuel Klein)于 1952 年创立，是巴西目前最大的家具及家用电器公司，在全球行业排名第 250 位。该公司拥有明确的市场组成部分，其销售链被认为是低收入市场

的参考模板。该公司经营范围包括家用电子产品及家具零售业务,在巴西8个州和联邦地区有5.2万个合作商,540家商店及6个分销中心。

此连锁企业被密歇根商学院(Michigan Business School)的研究者当作低收入市场的案例而进行研究。其优势可归因于信贷上的极大让步,赊销总额约占巴伊亚之家营业总额的60%。这类销售的大幅增长使该连锁店正在寻找合作伙伴,其在2005年宣布与布拉德斯科银行(Banco Bradesco)达成协议,现今该银行已发行了约350万张与该协议有关的卡。

巴伊亚之家关注从采购到送货所有的内部程序。公司有6个策略性分布的配送中心,且配送时间在48小时以内。在规定时限内,540家商店可根据订单自行制定货运路线,从而降低运输成本和维持规模经济。

CEF: Caixa Econômica Federal

巴西联邦储蓄银行(Caixa Econômica Federal)完全由巴西政府持有,成立于近100年前,专门为低收入民众提供房地产融资和储蓄服务。它是拉丁美洲第三大银行,资产总额达1 650亿美元。银行拥有许多分行支行,几乎所有巴西的城市都可以找到巴西联邦储蓄银行。它与巴西银行共同承担巴西银行业中政府代理的角色。根据相关规定,该银行在巴西以外没有分支机构。

Celco/Arauco

Celulosa Arauco y Constitución(Celco/

Arauco)于 1979 年由"Celulosa Arauco S.A."与"Celulose Constitución S.A."两家公司合并而成,就其种植面积和利润而言,是拉丁美洲最大的森林公司之一,旗下有四个业务领域:林业,纤维素,木材(产品指定给家具行业,建筑市场和包装)和纸品。

公司竞争力的基础是分布在智利、阿根廷、巴西和乌拉圭的森林。为了应对造纸和纤维素行业日益激烈的竞争,公司有一个按业务领域划分的销售系统,能够精确分析本地和国际市场的不同情况。Celco 甚至拥有最先进的物流系统,包括产品的运输、储存和分销。其庞大的国际商务办事处网络能够将产品在 50 多个国家进行商业化。

环境保护是公司开展长期经营的先决条件,可持续性的概念被纳入其管理战略中。该公司林木产品的可持续发展是建立在有效控制资产和资源,对其种植林地、工业化生产、物流和商业流程进行国际级的管理基础上的。

CEMEX

西麦斯(Cemex)是一家从事生水泥制造和销售、现成混凝土和骨料生产的墨西哥跨国公司。西麦斯在全球超过 30 个国家开展业务并和约 70 个国家建立商业关系。此外,西麦斯集团目前是墨西哥最大,美国第二大和世界第三大的水泥生产商,水泥年产量 8.2 吨。西麦斯在墨西哥拥有 235 家工厂,在美国有 60 家,西班牙 85 家,委内瑞拉 45 家,印尼 4 家,埃及 4 家。

它是全球密实混凝土供应的领导者。公司成立于 1906 年,在全球拥有 6.7 万名员工,总部位于墨西哥蒙特雷市。该公司的业务遍布全球,包括分布在五大洲的 50 个工厂。主要产品有:水泥、剂量混凝土和建筑骨料(用于生产混凝土、砂、砾石、再生混凝土等产品)。

Cimentos Hidalgo 公司成立于 1906 年,之后 Cimentos Portland Monterrey 于 1920 年成立,与当时著名的 Cimentos Hidalgo 竞争。1931 年,两家公司合并成为墨西哥水泥公司(Cimentos Mexicanos),也就是现在的西麦斯(CEMEX)。起初该公司的增长明显,大致收购了该行业在墨西哥的其他公司。1990 年之后,它继续大举收购了世界各地的其他水泥公司。

CEMIG

塞米克(CEMIG)是一家由 40 个公司和 7 个财团组成的企业,从事能源发电、输电和配电的业务。在配电方面,它是拉丁美洲最大的企业,约占国内市场的 12%。在发电方面,Cemig Geração 是该国最大的电力公司之一。该公司的发电厂由超过 57 个水电站、2 个热电站和 1 个风力发电站组成。该公司也在天然气配送、数据传输方面进行投资,并正在智利建设一条输电线。

20 世纪 60 年代到 80 年代初的 20 年间,塞米克获得了一连串公共服务的特许,包含国有和私有经营许可以及规模较小的公共服务特许权,将其他配电系统纳入它们自身系统中。通过这些收购,CEMIG Distributions(在 CEMIG 去垂直化后成为一家公司)拥有了米纳斯吉拉斯州配电的最大特许权。

集团的两家主要公司是 Geração and Transmissão S. A. (CEMIG GT)和 CEMIG Distribution(CEMIG D)。根据 2006 年

的行政报告,它们为集团的合并流动利润贡献了80.5%。除了这两家电力能源产业的公司,集团通过塞米克天然气(GASMIG S.A.)公司涉足天然气领域,占据公司2.6%的合并流动利润;此外,Infovias S.A.和Way TV在电信产业亦开展业务。

Cencosud

Cencosud 是 Centros Comerciales Sudamericanos S.A. 的缩写。此公司是拉丁美洲最大和最有名的零售集团之一,由霍斯特·保罗曼(Horst Paulmann)于1976年在智利建立,并开设了第一家Jumbo超市。

如今,该公司是拉丁美洲最大的零售和商业公司之一,其业务主要集中在超市、百货公司、商业中心、金融服务等领域。此外还发展其他业务线以弥补其业务范畴,例如经纪、保险、家庭娱乐和旅行社中心。目前,它是拉丁美洲最大和最负盛名的零售企业集团之一,在阿根廷、巴西、智利和秘鲁均拥有资产。

企业的成功在于将国际情况与当地实际相结合,并提供多样化的服务,其中包括银行服务。这也解释了为何像西尔斯(Sears)、彭尼公司(JCPenney)、家得宝(Home Depot)和家乐福(Carrefour)这样的全球企业连续亏损以至于退出当地市场。同样的,尽管沃尔玛与卡西诺等国际连锁超市在其邻国拥有业务,却也难以打入智利市场。

基于对当地市场特征进行的研究与了解以及收购Jumbo时所获得的经验,Cencosu在阿根廷也逐步取得了成果。与智利的成功案例一样,该公司在收购不同的大卖场、市场和零售连锁店方面也取得了协同作用的成果。

CFE

墨西哥国家电力公司(Comisión Federal de Eletricidad)由墨西哥联邦政府于 1937 年 8 月 14 日建立,以填补 3 家私有能源企业无法提供和满足的电力需求。这部分需求大多来自乡村地区,约占人口的 62%。1938 年,当私有公司停止投资后,迫使墨西哥国家电力公司必须生产所有所需能源。

CFE 是墨西哥政府所拥有的一家发电、输电和配电的电力公司,组织结构较为分散,具有法人资格和资产。22.95% 的装机容量对应于 21 个由私人资本构成的独立能源生产商(IPE)中心。它通过水电、天然气、地热、电力和核电站生产能源。

CFE 将 77.3% 的能源直接出售给民众,22.2% 出售给 Luz y Fuerza Del Centro 公司,其余部分出口。

该公司是墨西哥第二大国有集团,除了联邦区由 Luz y Fuerza Del Centro 服务外,它服务墨西哥其他所有地区。公司同时运营发电、输电、配电等环节,体现了公司业务的垂直性。它具有资本密集型生产的特点,因而具有更大的规模经济可能性。

Cintra(Aeroméxico)

西特拉(Cintra)也被称为墨西哥航空公司(Consortia Aeroméxico)。它是一家涵盖乘客、行李、货运和通信运输的航运公司。其子公司有:Aerovias de México 和 Airlitoral,一家货运公司 Aeromexpress,

培训公司 ALAS 和地面支持服务公司 SEAT。它还参与了旅行社公司 Sabre 和负责喷气发动机维修的公司 ITR 的部分投资。

西特拉集团通过垂直整合模式，让公司服务流程得以更好的协调，集团也仅有少量的外包服务与外部供应商。这些供应商通常来自集团本身，同时与市场上其他各种客户合作，使得这些公司获得规模收益，并减少了成本。

CMPC

CMPC 创建于 1920 年，是一家综合性林业公司，由 Ebbinghaus、Haensel & Cia 和 Comunidad Fabrica de Cartón Maipú 纸业公司合并而成。作为控股公司，通过五个业务中心运营：林业、纤维素、围巾、纸张和纸制品，其业务遍及墨西哥、智利、哥伦比亚、秘鲁和乌拉圭等多个国家。

该公司拥有超过 9 000 名员工，通过 Forestal Mininco、CMPC Cellulose、CMPC Papeles、CMPC Tissue 和 CMPC Productos de Papel 等公司开展业务。

CMPC 以垂直结构运营，负责业务包括木材的获得，纤维素的生产，甚至是纸张和纸制品的生产。

在过去的几年里，这家公司为提高生产能力和销售额做出了很大的努力。除了投资于改善自己的拉雅（Laja）浆厂，将纤维素的年产量提高到 50 万吨以外，CMPC 还收购了许多同行企业，如 1997 年收购 Ceulose del Pacifico 和 1998 年收购 Ceulose Santa Fé。

公司的纸张制造也有增长。通过投资设备，其制造工艺变得更为现代化，具备了更高质量的生产能力（每年 12 万至 19 万吨）。阿根廷的 Zárate 纸巾厂是当今拉丁美洲同类产品中最现代化、规模最大的一家。

CODELCO

1971年,智利的铜业被国有化,同年智利国家铜业公司(CODELCO)成立,在世界上最大的矿藏地之一科迪勒拉山系-安第斯山脉开采铜矿。智利被登记的铜量大约有1.9万吨,矿床包括 Chuquicamata、Teniente 和 Salvador。智利国家铜业公司属于美国的 Anaconda Cobre companhia。国家创造了矿产储量的"智利化",从而组成了智利国家铜业公司。

它的商业化产品包括铜制品、副产品和精炼产品。

市场:亚洲43%,南美16%,北美12%,欧洲29%。

通过充分开采以保证企业未来的生存能力,并以可持续发展的方式维护国际市场。

CODELCO 的主要业务是铜的商业化,尽管作为直接副产品的钼已商业化,但该公司在该副产品的生产和销售方面也同样处于世界领先地位。

Copec

智利石油公司(Copec)成立于1934年。到20世纪80年代初,他们的业务逐渐走向多样化,转而进入能源市场、可燃性液体、气体和润滑油的生产,同时也在林业以及计算、旅游和耐用品分销等业务领域拓展。后来他们还在渔业、电力和采矿领域开辟了战线。1982年到1985年严重的金融危机是该公司成立以来面临的最困难的时期。1986年,董事换届后，他们完成了资本重组，扭转了前几年的亏损，并设法在金融市场获得贷款。这导致了公司管理的紧缩与合并。如今，他们拥有约 100 家分支机构和联营机构，约有 11 742 名员工（考虑到超过 50% 的参与性公司）。

如今公司的生产活动主要集中在两大类：能源（目前负责与国家发展密切相关的可燃液体、液化气和天然气的生产和分配）和自然资源（与林业、纤维素生产、研究和采矿相关，是在智利拥有很大竞争优势的领域）。

在石油和可燃物领域，他们可能占据智利市场的一半，与智利国家石油公司（ENAP）竞争。在南美洲，它是最大的可燃物制造公司之一。

COPEL

巴西电力公司——科佩电力公司（COPEL）是一家由联合资本组成的开放式资本公司，由巴西巴拉那州政府控制，并通过其子公司进行调查、研究、规划、建设，探究能源如何生产、转型、运输、分配和商业化，以电力生产为基础，其他方面参加以能源、电信和天然气的发展活动为目标的财团活动，也与私营公司合作。科佩电力公司是巴拉那州最大的公司，拥有 334 万消费者。1994 年 4 月，它在巴西股市 Bovespa 上市，1997 年 7 月，它成为巴西第一家在纽约证券交易所上市的电力公司。自 2002 年 6 月起，它的品牌也出现在欧洲经济共同体，进入马德里证券交易所的拉丁美洲分支 Latibex。

科佩电力公司的主要业务领域是发电、输电和配电，这些领域

也是公司竞争优势的主要来源。该公司还从事电信相关业务，在这一领域它利用规模经济的优势效应，将电信公司基础设施系统与该公司电力业务相结合，以便他们获得 Anatel 认证，向其他公司提供服务。

Copesul

该公司成立于 1976 年，是巴西联邦政府对该国南部石油化工领域投资的产物。公司位于南部石化极点（Triumph），是巴西南大河州（RS）最大的五家公司之一，生产基础石化产品、可燃物和溶剂，并生产巴西 34% 的乙烷。它只集中于一地生产，是世界上 20 个最大的石化中心之一。

Copesul 以更便宜的天然气代替煤油作为原料。其靠近阿根廷市场，这样的地理位置有益于其向阿根廷进口原材料并向南方共同市场出口。

Copesul 在第一代和第二代石化行业运营，是巴西石化行业的第二大公司。布拉斯科集团（Braskem）和伊比兰伽集团（Ipiranga）共同控股这家公司。

Copesul 的直接客户是在巴西和国外需要热塑性塑料、溶剂和可燃物的行业。

该公司加工来自石油的原料（煤油、GLP、浓缩油），生产乙烷、丙烷、丁二烯、苯、溶剂和可燃物，这些原料又是热塑性树脂链、弹性体链、溶剂链和可燃物链四大生产链的原料。由于这些产品都来自石油，生产过程的一部分是共通的，因此在规模经济中可以产生协同效应。该公司还为南部石化极点内的所有行业提供脱矿蒸汽和水。

CORREIOS – ECT

1969 年 3 月 20 日成立的巴西邮件电报公司（Empresa Brasileira de Correios e Telégrafos – ECT）是一家与巴西通信部关联的上市公司，主要从事邮政（对信件的接收、运输和递送以及电报的收发和传达）、运送/汇通快递等领域的业务，其金融部门主要为退休人员和社会保障养老金领取者提供支付服务，以及作为银行代办支票存款开户、取款、存款、产权支付等服务。

ECT 最重要的业务与邮政业务相关，在信件和快递方面，ECT 是一家占主导地位的商业公司。它开发了一个可服务于整个巴西的物流网络，并利用这个网络汇通快递。在 20 世纪 70 至 80 年代的十几年里，ECT 投资了如 Sedex 认证、农村邮政服务以及基础设施等业务，以满足大众的需求，使运输加快，并促进了巴西各地区之间更深入的融合。2001 年，ECT 实现了其最大的目标，即百分之百覆盖 5 561 个巴西城市（2001 年数据）。

ECT 并不是一个集团公司，因此所有的利润都来自它的业务，其中邮政和快递是最大的收入来源。

Coteminas

米纳斯北部的纺织公司柯提米纳斯（Coteminas）的目标是进出口线和织品，以及投资其他公司。

巴西柯提米纳斯公司和美国 Springs 公司两家公司合并，成立了世界上最大的床上和卫浴纺织用品的经营综合体，生产商位于巴西、阿根廷、美国和墨西哥。拥有品牌包括 Springmaid、

Artex、Santista、Garcia 等。

柯提米纳斯的棉纤维年消费量 10 万吨,占全国棉花消费量的 12.5%。它在巴西有 11 个生产单位,分别位于蒙特克拉罗斯(MG)、圣冈萨洛阿马兰特(RN)、马拉卡巴(RN)、若昂佩索(PB)、大坎普(PB)和布鲁门瑙(SC);雇用了 1.6 万人。

控股公司:

- Santanense Tecidos:该公司的业务在纺织部门,生产和销售服装和职业制服的线与染料。

- Springs Global Participações S.A.:柯提米纳斯公司和美国 Springs 公司的控制人,该公司在纺织行业生产和销售床上用品和浴室织物,如线和织物等中间产品,也包括 T 恤、袜子和内衣等。

CPFL

CPFL Energia S.A.是一家控股公司,致力于发电、配电和电能商业化领域,是巴西电力部门最大的私营公司之一(于 1997 年进行私有化,移交给目前的控股集团)。在分销领域,CPFL 领导着圣保罗州和南大河州营运的公司。它的分销商 Companhia Piratininga de Força e Luz 和 Rio Grande Energia S.A.为 520 万客户提供服务,是巴西能源行业最具吸引力的市场组合之一。CPFL 的客户包括大量使用电力的化学工业、先进的技术企业和大型企业集团。

CPFL 的股权属于 VBC Energia 财团(巴西圣保罗工业集团和沃托兰廷集团)、巴西银行的员工养老基金、Bonaire 参股人和其他小股东。分销是公司最大的业务板块,涉及经营指标、降低技术

损耗和商业损失、高生产率和应用技术。

CPFL 负责分配巴西 14% 的电力使用,将自由市场中 23% 的能源进行商业化,随着 3 座新工厂的建成,它将增加 30% 的水电能源。

CPFL 的主要竞争优势是配电质量高、配电自动化系统升级、运营成本低,平均每位员工拥有 998 个客户,被视为该行业的标杆。

CSN

巴西国家黑色冶金/巴西国民钢铁公司(CSN)是拉丁美洲最大、最具竞争力的综合钢铁企业之一。它拥有最低的生产成本和最大的税息折旧及摊销前利润,独特的竞争优势使它成为该行业最有价值的十家公司之一。它在钢铁开采和电力能源方面自给自足,在所有的钢铁生产链中以真正一体化的方式运作。它的垂直结构使其在采矿、钢铁和物流领域发挥协同作用,从而最大限度地为股东带来收益。

巴西国家黑色冶金公司成立于 1941 年 4 月 9 日,1946 年 10 月 1 日开始运营,于 1993 年完成私有化。具有年生产能力 560 万吨,员工近 10 万人。

巴西国家黑色冶金公司是巴西第一家生产钢造飞机的公司,并进行其他各种生产领域的开发。其业务重点有结构钢,管材和半成品,产品主要用于汽车工业、建筑和包装业。

CSN 专注于钢铁、采矿、基础设施和水泥业务,此外还提供拉丁美洲最完整的钢造飞机生产线。目前,该公司拥有一个综合钢铁厂、五个工业生产单位、铁矿石、钙和白云石矿厂，它也是最大的钢造飞机经销商、港口码头和铁路的参股公司，拥有两个水力发电厂。

物流（能源、铁路和港口）对于在里约热内卢运营两个码头并参与两个铁路公司业务的 CSN 至关重要。

D&S

D&S 是智利最大最重要的连锁超市。它有大约 100 家商店和 3 000 家供应商。1998 年法国跨国公司家乐福进入智利，后来因为经营状况不佳而在 2003 年将门店转给了 D&S，使其成为外国公司融入智利零售市场的许多成功案例之一。智利市场竞争激烈、利润率低、服务水平与产品质量较高，然而，由于智利市场规模较小，无法吸引跨国公司。值得强调的是，智利零售企业由专业人士管理，他们通过观察和模仿最佳战略，挑战外国竞争，从而增加了对国家市场的把握和了解。

2007 年，D&S 和 Falabella 开始合并，进一步体现了智利零售业的集中效应，但后来遭到反垄断机构的反对而停止。

Desc

Desc 是一家墨西哥公司，主要投资增长潜力正在提升的行业。它有一个投资组合，分为四个部门：

1. 食品。墨西哥占据主导地位的品牌公司，在美国也具有一定知名度。特色产品有：番茄酱、蔬菜、植物油、红辣椒酱、饮料、

咖啡、猪肉。

2. 化工。主要产品有：合成橡胶、炭黑、甲基丙烯酸甲酯、聚苯乙烯、三聚磷酸钠、丙烯酸斑块。主要用于制造沥青、塑料容器、包装、轮胎、工业塑料制品等。主要客户有：宝洁（Procter & Gamble）、La Coruna、Kock、米其林（Michelin）、捷豹（Jaguar）、库珀轮胎与橡胶公司（Cooper Tire & Rubber）、转轮橡胶（Tornel）、普利司通-凡世通公司（Bridgestone-Firestone）。

3. 汽车。产品有：轻、中、重传动部件，冲压叠片产品，活塞，钢齿轮，车轴。主要客户有：通用汽车（General Motors）、福特（Ford）、德纳（Dana）、雷诺-日产（Renault-Nissan）、大众（Volkswagen）。

4. 房地产。为消费标准较高的游客提供永久性住宅。

DESC在其开拓的四个领域拥有共70多家子公司。最重要的有：Dasa，Tremec，Spicer，Quimir，RExcel，Corfuerte和Dine。

它们在墨西哥、美国和西班牙均有业务经营。汽车部门在墨西哥的7个州共有19个工厂，在美国有1个工厂。化学部门在墨西哥的8个州共有16个工厂，在西班牙也有1个工厂。食品部门分布在墨西哥12个州，美国洛杉矶也有1个工厂经营农场和装卸设备。房地产部门在墨西哥城住宅开发区拥有其中一片最大的区域，在加勒比、墨西哥城和太平洋沿岸拥有极具吸引力的旅游地产。

Durango

杜兰戈（Durango）集团成立于1982年，是墨西哥最大的造纸和纤维素生产企业，除在墨西哥和美国拥有42家工厂外，公司具备

11万公吨纸张和87万吨纸制品的产能。其生产被划分为子部门并由杜兰戈集团的下属企业执行，它们是：杜兰戈生产咖啡滤纸；Pipsamex 生产胶印新闻纸；Empras Titán 生产包装纸；Durango McKinley 负责美国工业运营；以及墨西哥的林业产品制造商 Ponderosa Industrial。

根据行业的共同特点，杜兰戈集团选择了强劲的纵向一体化。从木材种植，纤维素的制造，到各类纸张、纸制品的生产及配送，这种整合无疑有助于降低成本，更好地管控质量，改善整个生产链中物料通量的规划，在这个竞争性市场中是不可多得的优势。该公司大约有 7 619 名员工。

集团最重要的业务集中在木材产品部门。集团还通过麦金利纸业和 Container 两家公司开展在美国的业务。麦金利纸业公司是世界上最现代化、最高效的造纸厂之一。

Ecopetrol

Ecopetrol S.A. 是一家公私混合企业，同时也是一家上市公司，其股票与哥伦比亚矿业和能源部（Ministry of Mines and Energy of Colombia）有所关联。它是该国最大的公司和主要的石油公司，是拉丁美洲 5 家主要石油公司之一，也是全球 35 家最大的石油公司之一。该公司参与建设了该国大多数的运输基础设施和炼油厂。其业务包括：通过寻找新的天然气储藏来增加碳氢化合物的储备量，在哥伦比亚生产天然气（包括提取、收集、处理、储存和压缩碳氢化合物）以及出售剩余的石油和可燃物。除这些业务外，该公司还获得了哥伦比亚石油研究所的帮助，该研究所是该

国最完善的科学和实验研究中心。

Ecopetrol S.A.在哥伦比亚的 21 个区域中进行碳氢化合物的勘探活动,并与其他公司一起参与了另外 12 个区域的开发。在生产方面,该公司有 104 个直接运营领域,与第三方有 163 个合作领域。在 2006 年,石油日产量为 529 000 桶。炼油厂每天的装机容量为 310 000 桶。

EL Puerto De Liverpool

利物浦(Liverpool)是墨西哥最大最重要的集团之一,已有 150 多年的历史,为目标客户群提供优质时装。他的创始人让·巴蒂斯特·埃布拉德(Jean Baptiste Ebrard)最早在墨西哥首都出售服装。他从欧洲进口商品,从利物浦港口向外出售,因此埃布拉德决定把他的事业用港口的名字命名。利物浦于 1944 年成立,1965 年,其股票开始在纽约证券交易所挂牌交易。从 1970 年开始,该公司的以下部门开始营业:Liverpool Polanco,Liverpool Satelite,Bodega Tacubaya(配送中心和结算中心),Liverpool Villahermosa(在塔巴斯科商业中心,2000)。此外,蒙特雷美术馆(Galerias Monterrey)也属于其商业板块。在 20 世纪 80 年代中期,公司开设了名为 Guadalajara,Jalisco 的百货商店连锁店,并开设了另外五家商店,拥有 135 辆卡车的货运体系。该公司在墨西哥其他重要商业中心的百货商店也设有门店,成为墨西哥最主要的连锁百货之一。

在过去的二十年中,该公司通过建立自己的商店,购买营销网络以及开发和管理购物中心来维持积极的增长计划。如今,他们已拥有 56 家商店，12 个购物中心和来自其营销网络的超过 180 万张信用卡。他们有超过 25 000 名员工。

Elektra

Elektra 集团是拉丁美洲的主要零售商，也是在墨西哥领先的金融公司。它旗下有 Elektra，Salinas y Rocha，Bodega de Remates 和 Electricity 等品牌，在四个国家拥有 1 000 多家商店。该集团有两个业务：零售和金融。零售部门在墨西哥有四家商店；在危地马拉、洪都拉斯和秘鲁，只有 Elektra 商店（通过商业区提供信贷）。该集团的金融部门在墨西哥和巴拿马开展业务，其中包括阿兹特克银行（Banco Azteca），该银行为墨西哥的大众市场提供金融服务，包括管理基金的 Afore Azteca，保险公司 Seguros Azteca 和墨西哥信贷个人信息中心 Círculo de Crédito。Elektra 还持有墨西哥第二大广播公司 TV Azteca 的股份。

Elektra 集团的主要客户群体是中产阶级（大约占其客户的 73%），提供的产品包括：电子产品、家用电器、家具、电话服务、延期担保、电汇以及其他具有国际声誉的品牌产品。墨西哥的新一代银行被称为混合型银行：它们是零售商为各种金融服务提供信用卡和其他基本银行产品的地方。在大多数情况下，该机构提供贷款、投资基金、保险和抵押。零售商除了获得额外的收入来源外，还可以改善与客户的关系。

Eletrobrás

Eletrobrás 是巴西联邦政府控制下的开放资本混合企业，类似控股公司,负责发电和传输电能。该公司的装机容量约为 4.3 万兆瓦,约占巴西总装机容量的 50%,此外,该公司还拥有巴西 60% 的输电市场。该公司最初是为了协调电力部门所有的下属公司而设立,随着国家电力能源局(Agência Nacional de Energia Elétrica - ANEEL)、巴西全国电力调度中心(Operador Nacional do Sistema - ONS)和电力能源商业协会(Câmara Comercializadora de Emergia Elétrica - CCEE)的成立,公司的责任范围也有所减少。

作为一个控股公司,巴西中央电力公司(Eletrobrás)通过其六个子公司控制着巴西大部分的发电和输电系统,包括:CHESF、Furnas、Eletrosul、Eletronorte、CGTEE、Eletronuclear,同时 Eletrobrás 也是这些公司的主要股东。以巴西政府的名义,它还持有伊泰普水电站(Itaipú Binacional)一半的资本。2006 年,Eletrobrás 集团特许的发电量增加至伊泰普水电站的一半,达到 37 941 兆瓦,相当于全国总发电量的 39%。该集团所属输电线路全长 56 718 公里,占全国的 65.9%。组成 Eletrobrás 集团的公司有:Cepel, CGTEE, CHESF, Eletronorte, Eletronuclear, Eletrosul, Furnas, Itaipú Binacional。

Embraer

巴西航空工业公司(Embraer)的主要业务是商用支线飞机、军用飞机和公务航空的制造和商品化。该集团由多个"生产单位"组成,如 Neiva(农用飞机)、ELEB(巴西利勃海尔设备公司,生产零部件)和哈尔滨航空工业公司(中国,重点满足亚洲市场的需求)。该

公司从事所谓的"航空业务",主要从事商业航空(2006年占收入的64.3%)、公务航空(15.7%)、国防和政府业务(5.9%)以及其他航空服务(14.1%)。由于其在市场中的参与度,巴西航空工业公司是第三大商用飞机生产商,仅次于波音和空客,排在加拿大庞巴迪之前。

巴西航空工业公司作为一家出口公司,在本国没有竞争对手,具有高度国际化水平。它的费用清单主要由美元收入构成,2006年收入构成如下:美洲,57.4%;欧洲,21.5%;巴西,3.8%;其他,17.3%。

巴西航空工业公司是拉丁美洲研发领域最大的投资者之一,2007年在该领域的支出为2亿美元。

ENAP

国家石油公司(Empresa Nacional del Petróleo—ENAP)是一家智利国有企业,创建于1950年6月19日。其业务是在智利和国外进行碳氢化合物及其衍生物的勘探、生产和商品化。ENAP拥有石油领域、天然气和其他能源产品(如液化天然气和地热能)的业务网络。

在智利,ENAP及其子公司在自由的经济环境中开展业务,任何人都可以勘探、生产、提炼、进口和销售碳氢化合物产品及其衍生物。

凭借在石油行业的长期丰富经验,该公司还提供与这一行业相关的服务,如陆上和海上石油基础设施的建设和维护,以及液体和天然气产品运输和储存的组织工作。

ÊXITO

ÊXITO 是始于 1922 年的一个仓库网络，由 257 家商业公司合并后而成，分布在大卖场和超市中。该商业网络的主要竞争优势是基于这样的一种理念：在现代社会中，通过受到认可的购买体验、优质服务的保证、出色的产品挑选、质量和价格，为客户提供满足其需求和喜好的服务。它在哥伦比亚与家乐福、Casino 等跨国公司以及以智利的 Cencosud 和 D&S 等公司为主的零售公司竞争。

鉴于哥伦比亚中产阶级的不断壮大且多数消费产品价格低廉，其零售业经营具有很大的发展前景，且在未来几年内具有增长趋势。随着政治的稳定和社会机构的完善，企业将逐渐回归国内。而该国政府对跨国公司进入市场几乎不设障碍，相应又增加了该行业的公司数量和业务，引起了内部竞争。

此外，ÊXITO 还将运输与哥伦比亚基础设施进行了微妙的结合。为了满足消费者的需求，其网络系统可以将消费者送到相应的购物中心。

Falabella

法拉贝拉（Falabella）集团零售市场的主要业务由智利（发源国）、阿根廷、秘鲁和哥伦比亚的法拉贝拉百货公司组成。该集团的主营业务还包括法拉贝拉银行、托蒂斯（Tottis）和旧金山超市网络，以及建材行业的索迪马克（Sodimac）。

集团的发展得益于他们的业务多样化。创始公司法拉贝拉百

货公司历来以销售服装和家用电器为名。创建银行、组建和收购超市网络以及与零售业相关的其他公司,使该集团得以跻身于拉丁美洲大型企业的行列中。

法拉贝拉是智利最大的公司之一,也是拉丁美洲最大的百货公司之一,在阿根廷和秘鲁也有销售点。这家公司于1889年开始经营。

金融业务是智利百货公司的主要特点之一:仅法拉贝拉就有300万张信用卡,使信用卡成为该公司的主要业务模式之一。正如Cencosud和D&S一样,智利的特殊条件有利于公司巩固其业务:智利资本市场的发展使信贷民主化,人均收入的不断增长推动了智利零售业的增长。此外,强大的规模经济是产生价值的要素,有助于零售业竞争力的提高。该行业取得的专业水平是值得关注的。

FEMSA

FEMSA成立于1890年,由一群墨西哥商人创立。1993年,该公司与可口可乐(Coca-Cola)联手,当时可口可乐持有30%的资本。十年后,他们宣布收购Pananco公司,使公司从可口可乐产品装瓶的领导者转变为世界第二大公司。2006年,随着收购凯撒(Kaiser)啤酒厂,其业务来到了巴西。2007年,它还购买了德尔瓦勒(Del Valle)的果汁品牌。

FEMSA是一家在拉丁美洲销售额最大的饮料综合公司,其主要业务部门为:可口可乐FEMSA,该地区最大的可口可乐产品装瓶商;FEMSA Beer,墨西哥主要啤酒公司之一,向美国出口啤

酒;OXXO 管理着 4 000 多家机构,整合了墨西哥最广泛的连锁便利店,覆盖范围最广。

FEMSA 啤酒厂的产能为 33 700 000 百升,它还是拉丁美洲最大的可口可乐瓶生产商,且在每个工厂都能生产大型瓶子,这样的生产方式使其固定成本得以稀释,并极大提高了各种投入的生产率。

FEMSA 利用可口可乐在拉丁美洲 9 个国家的机构生产 16 种不同品牌的啤酒和 64 种苏打水。此外,它是最大的可口可乐瓶装商,产生了庞大的规模经济,通过使用整个结构,最大限度地提高了所有组织机构的效益。除此之外,他们还有一个庞大的便利店网络,这也与其他业务相融合。

Gerdau

Gerdau 集团于 1901 年开始在南里奥格兰德州(Rio Grande)的阿雷格里港市(Porto Alegre)运营。在商业和工业领域它共有 317 家单位。

Gerdau 集团在全球最大的钢铁供应商中排名第 13 位,是美洲长钢领域的领导者。除了五家合资企业和四家联营公司外,还拥有其他不同的工业和商业单位,因此集团能够在 14 个国家经营业务:它的装机容量为 2 590 万吨,并向建筑业、工业和农业供应钢材。

其业务分类为:

巴西长钢:Gerdau 集团专注于建筑行业,是巴西市场的领导者,是巴西最现代化钢筋的钢铁生产商。如今,仅在建筑业领域,它的生产能力已高达 90 万吨钢材和 60 万吨钢筋。

特殊钢：Gerdau集团在巴西有一家钢铁公司，在西班牙有一家联营公司，投资机械设备、石化、能源、手动工具等行业。它是这一领域的世界领导者之一，因为它的产品有卓越的质量，并拥有现代化的装置和研究中心，以保证其特殊钢非常先进。

铁矿：集团最大的工厂位于米纳斯吉拉斯（Minas Gerais），毗邻巴西的主要消费群体，并可以在维多利亚港（Espirito Santo）进行出口。该工厂生产的产品在建筑业、海军舰船、汽车工业、家用电器、工业和铸锻件领域都有广泛的市场。

Globo

Globo Organizations是一家巴西的集团公司，主要业务领域在媒体和传播行业，此外还涉足金融和房地产市场以及食品行业。

伊里内乌·马里尼奥（Irineu Marinho）在巴西当时的首都里约热内卢创办了报纸 *A Noite*。1925年，随着晚报的成功，马里尼奥决定创办他的第二份报纸《环球报》（*O Globo*）并与其他报纸竞争，如 *Correio da Manhã*、*O Paiz*、*Gazeta de Notícias*、*Diário Carioca* 和 *Jornal do Brasil*。他的儿子罗伯托·马里尼奥（Roberto Marinho）继承了这家报纸公司，成为公司的董事。罗伯托积极从事新闻和行政工作，决定增加业务，投资于印刷品以外的其他媒体。他在里约热内卢创办了环球广播电台（Radio Globo）。随着巴西环球电视台（TV Globo，1964年）的成立，公司跃升为媒体行业的领导者，最终确立了在巴西的地位并开拓海外业务。目前，该广播公司是拉丁美洲最大的两家广播公司之一。在传媒方面，环球集团还从事出版（Editora Globo）、音乐制作（Globo Records）、新闻和肥皂剧制作（Rede Globo）以及付费频道（Globosat）的传播。

新闻和肥皂剧制作采取了完全垂直的模式。除了由制片人购买外国电影外，无论是肥皂剧、新闻还是娱乐节目，该公司都有自己的制作团队，并且由本公司频道播放。值得注意的是，大多数巴西的国产电影由 Globo Productions 制作。

Gruma/Maseca

Gruma 是一家墨西哥企业，成立于 1949 年，致力于使墨西哥传统的玉米制品工业现代化。Gruma 公司在巩固了墨西哥市场的地位之后（参与率超过 70%），已逐渐成为该市场的国际领导者（玉米片和玉米粉的生产领导者）。该公司的竞争优势是在技术上的领先优势，使它能够在玉米、面粉、面团、薯片等连锁企业中实现垂直整合。得益于这一优势，Gruma 不仅在墨西哥发展，而且进入了国际市场。如今，它在美国、欧洲、墨西哥、中美洲和委内瑞拉开展业务，出口至世界 50 个国家。

该公司最大收益来自北美地区，共有 6 家工厂生产面粉，13 家工厂生产玉米片。这家公司拥有生产玉米片的专利技术。该公司还拥有一个庞大的网络，拥有超过一万五千名分销商。美国对墨西哥食品的需求呈指数级增长，这增加了公司的现金流。与传统方法相比，该公司的生产方法效率高、节能、省力、节水，而且生产速度快，产品寿命长。

公司拥有高度整合的生产链，甚至有生产玉米片机器的工厂。唯一没有被公司完成的环节是谷物的加工。

ICA

土木工程师协会(Engineers Civil and Associates)在1947年由18名年轻工程师成立,开启了他们在基础设施项目方面的职业生涯。1947到1953年期间,他们从事居住区和人工水坝的工作。1957到1977年逐渐扩张业务,参与了公路建设、卫星城市扩建、体育场馆、水电站等项目的建设。

第二次扩张发生在1999至2005年间,彼时公司与后危机时代政府建立联系,逐渐称霸基础设施领域。最后,在2005年,成立了一家多元化且拥有外资的建筑公司ICA。时至今日,ICA的主要业务大多围绕建筑业和基础设施,涉及水电站、港口、机场、能量矩阵、工业设施和住宅的建设。2007年,它的总收入为220亿比索,相当于18亿美元。这些收入又按以下分类分配到公司的各个领域:

领域	百分比
建筑	79%
住宅	10%
机场	8%
特许权	4%

IMSA

伊姆萨集团(Indústrias Monterrey S.A.,或称蒙特雷工业公司)成立于1936年,其目标是在拉丁美洲、中美洲和美国西海岸市场保持钢铁产业的领导地位。

伊姆萨集团是一家工业公司,其业务主要包括四个领域:加工钢制品、汽车电池及相关产品、建筑用钢制品和塑料制品,以及铝制品等相关产品。

伊姆萨集团有三个公司:钢铁生产商伊姆萨钢铁公司(IMSA Acero)、生产建筑用钢和塑料产品的 IMSATEC,以及制作铝制成品的 IMSALUM。该集团所有的钢铁制造和加工业务都属于伊姆萨钢铁公司,而铝和塑料产品的制造则由 IMSATEC 管理。

伊姆萨集团的工厂和分销点广布于墨西哥、美国、南美洲和中美洲,目前出口到 30 多个国家。

生产过程包括从旗下矿山开采铁矿石,直到生产出价值较高的钢制品。

Ipiranga

伊比兰伽石油公司(Ipiranga Petroleum Companies)是巴西十大公司之一。该公司在 1937 年以 Ipiranga S.A. Brazilian Company of Petroleum 之名成立(目前名为 Refineria de Petroleo Ipiranga, S.A.)。公司业务包括炼油厂、可燃物和化工产品、石化、沥青生产、润滑油和特种油的分销。它还参与天然气运输,以及石油和天然气的勘探和生产业务。

伊比兰伽石化公司(Ipiranga Petrochemical)是拉丁美洲最大的高密度聚乙烯(HDP)生产商。伊比兰伽石油公司联合了许多在不同领域工作的公司,其中公司总收入的很大部分来自可燃物的分销(约占总营业额的 78%)。

公司的目标是进口、储存、选矿、销售、运输和分销石油产品、其衍生物和其他相关产品,甚至气胎、电池和汽车配件,以及该行业的设备安装装置和机器,无论是国内还是国外。它们有将近 4 000 个服务点并遍布巴西国内领土。该公司商业化石油 CBPI 的主要衍生品供应商为巴西石油公司(占总产量的 97.1％)。酒精燃料(无水和含水的)则是由国内市场的众多生产商供应的。

Itaú- Unibanco

在伊塔乌银行(Banco Itaú)与拉丁美洲最大的私人银行巴西联合银行(Unibanco)合并后,形成了超过 3 000 亿美元的资产。这两家银行在过去几年分别获得了巨大进展:2006 年,伊塔乌银行以 21 亿美元收购巴西的波士顿银行(Bank Boston),巴西联合银行则与美国国际集团(AIG)成立了一家合资企业,提供保险和私人退休计划。合并后的伊塔乌联合银行,成为跻身世界 20 大银行中的第一家拉丁美洲银行。

JBS Friboi

JBS Friboi 是巴西最大的跨国食品公司,凭借 100％ 的全球消费市场准入渠道和全球 4 个主要生产牛肉的国家(巴西、阿根廷、美国和澳大利亚)的生产能力,以及每日 4.71 万头的世界最高屠宰量,JBS 已成为该行业出口的领导者。公司在猪肉市场也占有一席之地(JBS 公司在收购斯威夫特公司后进入猪肉市场)。在食品和运输部门,拥有超过 4 万名员工。该公司 1969 年

成立于戈亚斯。

JBS通过在阿根廷、美国、澳大利亚和意大利的国际采购,加强了其生产和分销单位在地理上多样化分布的战略,再次巩固了它们在肉类主要生产国100%准入消费市场的全球地位。随着欧洲天然肉类的减少,他们对扩大工业化肉类保持开放态度,因此JBS的销售量在欧洲市场未受到限制。JBS公司是世界上最大的工业化肉类生产商,拥有最先进的工厂。

2007年,JBS收购了欧洲最大肉类生产商之一的Inalca 50%的股份,现在在意大利增设了10家工厂。

Klabin

卡拉宾(Klabin)是巴西最大的纸张生产商、出口商和回收商之一。卡拉宾由四个业务部门组成:林业、纸张、包装和波浪纸板以及工业袋。除了生产和将木材商业化外,它还在纸张市场和包装纸箱、硬纸板包装和工业包装袋方面处于领先地位。该公司在巴西有17个工业单位,在阿根廷有1个,年生产能力总计为160万吨纸张。

卡拉宾集团运作的一个主要因素在于其庞大的森林储备,几乎拥有该国所有的可用长纤维素。由于这种原料只能在松木类树木(如松树,只在南方较冷的地区发现)中找到,每20年采集一次,因此在巴西不易获得。这一因素严重阻碍了该行业竞争者的出现。

卡拉宾是世界上第一个为其在巴拉那州森林里的药用植物申请FSC(森林管理委员会)认证的公司。该证书证明了它在林业业务中的可持续性管理,使其在1998年成为美洲第一家获得该国际组织认证的巴西纸张和纤维素公司。目前,公司全部的森林都经过FSC的认证。

Lala

拉拉集团(Lala Group)于1950年在墨西哥开展业务,至今拥有墨西哥最大的冷链系统(19家工厂、4 300条路线和141个配送中心)。拉拉集团是墨西哥牛奶市场的领导者,每天接待超过34万客户,每天销售超过400万升牛奶和数千吨不同的牛奶产品。

主营业务是将牛奶、芝士、饮料和其他类型的奶制品商业化。它在拉丁美洲被认为是最大的牛奶生产商之一,在墨西哥、美国和瑞士均有业务开展。集团下有21家公司、20家工厂和180条生产线。

该公司从2005年初进入美国开始,就在得克萨斯州、洛杉矶、芝加哥、凤凰城和图森等市场,以一种在美国的墨西哥人中保持一致性的方式推广了其品牌。根据独立调查,拉拉是墨西哥第四大知名品牌。

LAN

智利国家航空集团(LAN)目前有1.6万名员工从事商业航空(旅客和货物)、物流和配送(智利物流)、旅游套装行程(LAN tours)、信用卡(智利航空联名卡)和电子商务(LAN Box)。

智利国家航空公司是智利最大的航空公司,也是拉丁美洲最大的航空公司之一。在南美洲、欧洲和大洋洲都有业务。它是寰宇一家(One World)航空联盟的成员,此联盟由世界各地的公司(英国航空、美国航空、智利国家航空、伊比利亚航空、澳洲航空、国泰航空、芬兰航空和爱尔兰航空)组成。2005年运输旅客796.7万人次,营业额25亿美元,其中58.3%来自旅客运输,36.3%来自货物运输,5.4%来自其他渠道,净利润为1 460万美元。公司在圣地亚哥、瓦尔帕莱索、智利电子证券交易所和纽约证券交易所上市。

智利国家航空的营运主要涉及仓储和库存管理中的物流配送服务。在旅游业务中,除了酒店、邮轮、租车、行李运输等之外,LAN Tours还提供包括智利国家航空公司航班在内的套餐。智利航空联名信用卡可以让旅客购买其机票,升级到高级舱,购买旅游套装行程、LAN免税产品,享受行李超重和机场关税减免优惠,并具有支付方便等优点。在电子商务方面拉丁美洲的互联网用户能在美国进行网购,货品将被发送到迈阿密的公司总部,再通过智利货物物流交付给买家。

Mabe

玛贝公司(Mabe)是墨西哥最大的公司之一,也是国际上最大的"白色家电"生产商之一,这些产品都是与家居相关的耐用品,如冰箱、洗衣机、炉台等。作为通用电气(GE)和肯摩尔(Kenmore)在美国和加拿大的产品供应商,该公司于1945年在墨西哥成立,是一家电器安装公司。1986年,玛贝已经成为墨西哥最大的白色家电公司,并与通用电气建立了合资企业。

20世纪90年代中期,美国进口的所有炉台和冰箱中,有三分之一是由墨西哥的玛贝公司制造的。除此之外,与通用电气和肯摩尔品牌相关的95%的白色家电产品也均生产于墨西哥工厂,当时玛贝已经以Vitro's Acros品牌占据了墨西哥市场60%的份额。20世纪90年代末,玛贝垄断了墨西哥的家用电器市场,并占据了中美洲70%的市场。公司将战略目标重点放在拉丁美洲以及出口和收购。

玛贝在1998年和2003年分别与阿根廷的Fagor家用电器和巴西的Dako联手。如今,该公司在12个国家拥有约15家工厂,将其产品与众多品牌联系在一起,并拥有广泛的市场份额:加拿大(17%)、墨西哥(47%)、中美洲(30%)、委内瑞拉(60%)和哥伦比亚(43%),其产品出口到70多个国家。

Mexico

墨西哥集团(Mexico Group)是墨西哥最重要的公司之一,也是秘鲁其中一家最重要公司的控股人,运营着世界上最大的矿业公司之一。该公司是一家控股公司,旗下有采矿业和运输业两大领域,还有两家分别对应这两个领域的子控股公司:Americanas Mining Corporation(AMC)是一家子控股公司,将位于墨西哥和秘鲁的采矿业务分组。主要控股公司(墨西哥集团)控制着智利的一些矿产勘探业务,但通过经营着墨西哥境内现有铁路的墨西哥铁路集团,进行货运、物流和多式联运服务。2005年11月,该集团的运输部门收购了Ferrosur公司,从而巩固了该国的铁路部门并加强了其在墨西哥的运输结构。

墨西哥集团通过 AMC 跻身世界第三大铜生产商、第二大钼生产商、第四大银生产商和第八大锌生产商。若将铜储量纳入考虑，该公司已成为全球第二大铜公司。

Modelo

莫德罗（Modelo）集团是墨西哥最大的啤酒厂，生产的啤酒（Corona）是美国、英国和加拿大进口最多的啤酒。该集团的战略是生产一些只在当地市场销售的品牌，例如：Victoria（其营销基本只在墨西哥）、Estrella（一种仅在墨西哥生产的国产啤酒）、Léon 和 Montejo（仅在尤卡坦地区有售）。该公司如今在墨西哥啤酒市场占有约 56％的市场份额。

莫德罗集团约 50％的股份被世界第二大啤酒厂安海斯-布希公司（Anheuser Bush，其为控制百威啤酒的公司，百威啤酒是美国市场份额最大的啤酒）收购，仅次于百威英博（InBev），然而，公司股权仍然属于墨西哥的合伙人，即集团创始人的直系后代。通过这项交易，该公司拥有安海斯-布希公司生产的所有产品在墨西哥销售的独家进口权。

Corona 是世界上最畅销的啤酒之一，在世界上大约 150 个国家有售。它在 1925 年莫德罗啤酒厂成立十周年之际被引入市场（在此之前这种啤酒被纳入莫德罗品牌）。第二年，这家啤酒厂开始在美国销售小瓶装（即长颈啤酒）和透明瓶装啤酒（其他所有啤酒都是用深色瓶子销售的），留下了喜力（Heineken）等品牌，这一地位一直维持到今天，去年它成为美国销量最高的淡啤酒。

Molinos Rio de la Plata

Molinos Rio de la Plata 成立于 1902 年，目前是南美洲食品工业的领导者之一。它在阿根廷及国际市场以大豆加工及其衍生物的商业化而闻名，其业务包括生产：

- 用于食品加工的原材料，主要是大豆、葵花籽、小麦和大米——尤其是油和小麦的生产；
- 牲畜粮食，主要是牛饲料；
- 农业投入品，如肥料、除草剂、杀虫剂和杀菌剂；
- 生质柴油——值得注意的是，关于精炼生质柴油的项目仍在进行中。

该公司的战略基于两大支柱：在本地和国际市场上发展自己的品牌，以及在谷物复合物的产业中扩大营运。后者对其公司发展更为重要，因为 Molinos 是阿根廷成为大豆和葵花籽的主要加工者之一的引领者（分别为每年 600 万吨和 50 万吨）。

Molymet

Molymet（智利钼金属公司）是智利一家在圣地亚哥证券交易所上市的公司，成立于 1975 年。该公司在智利、墨西哥、德国和比利时设有生产钼和铼的工厂。公司还在智利、美国、荷兰和开曼群岛设有子公司，提供商业、技术和差异化投资服务。

智利钼金属公司是钼和铼的制造商，产品可用于钢铁、冶金和化学工业。钼可作为金属连接、石油工业中的催化剂、工业润滑剂或颜料。铼在一些灯泡、工业温度计和金属连接中使用,以提高质量和减少腐蚀。

钼金属的延伸产品是全世界钢铁、石化工业和特种金属制造商的原料。

Natura

Natura 是一家巴西公司,业务遍及拉丁美洲七个国家(还有阿根廷、智利、秘鲁、墨西哥、委内瑞拉和哥伦比亚)和法国。在巴西,它是化妆品、香水和个人卫生用品市场的领导者,也是直销行业的领导者,是巴西最具价值的品牌之一。它于 2004 年上市。

Natura 目前在化妆品、香水、防晒霜、面部护理、身体护理和头发护理等领域拥有约 900 种产品。

在产品的开发中,Natura 融合了先进科学和传统智慧,因此他们可持续地利用巴西丰富的植物多样性,形成更多的优质系列产品。

Natura 采用直接销售的形式,降低了销售成本,这使消费者除了和咨询师建立联系以外,还与品牌建立了更紧密的联系。

Nova Oi

以 53 亿雷亚尔的价格收购巴西电信之后,Oi 已成为巴西最大的电信公司,拥有 5 300 万客户、2 200 万部固定电话、2 700 万部移动电话和数百万宽带电话。新的 Oi 在 4 800 个巴西城市开展业务。巴西政府授权将这两个大型公司合并,是为了实现规模经济,以便与在巴

西的 Telefónica 和 Telmex/America 移动电话公司竞争。合并后的公司有 16 000 名员工。

Odebrecht

Odebrecht 是一个巴西组织，成立于 1944 年，拥有约 3 万名成员（在巴西有 22 498 名，其他国家为 9 145 名），分布于南美、北美、非洲、欧洲和中东各国。

它在拉丁美洲从事工程和建筑、化学品和石化业务，在巴西和葡萄牙参与基础设施和公共服务部门的项目，在非洲从事采矿和石油相关业务。

Odebrecht 与国内和国际企业家合作，参与巴西和葡萄牙公共服务的特许经营，重点是公路运营和基本卫生服务的提供，并成立了一些战略联盟。例如，2005 年 10 月在巴伊亚（Bahia）与 Ultratec 联合建造了 Petrobras 的第一个自主泵平台。

该公司是巴西最大的服务出口商，其 80% 的年总收入来自国外项目。公司在工程和建筑领域涵盖以下业务：机场、渡槽、输气管道和输油管道、大坝、船闸和水道、输电线、地铁、热电厂、钢铁厂、石化中心、公路、铁路、港口和采矿项目、海上平台运营，基本的卫生、灌溉和房地产工作。

Pão de Açúcar

1948 年，随着葡萄牙移民瓦伦蒂诺·多斯桑托斯·迪尼兹（Valentino dos Santos Diniz）在

巴西开设面包店，Sugar Loaf 集团开始在巴西开展业务。四年后，另外两家商店开业。1959 年，集团第一家连锁超市开业。在这一战略决策下，集团具有多样化、规模经济和范围经济的特点，使其成为巴西最大的企业之一。

该公司的主要业务是食品、服装、家用电器和其他与大型超市以及专业百货公司配套的产品零售。该连锁店分布在 15 个州，拥有 549 家门店，销售面积超过 120 万平方米，有 63 607 家合作伙伴和 18 个配送中心。

如今，它们是巴西最大的商业集团之一，控制着八家零售连锁店：Pão de Açúcar, Extra, Compre Bem, Extra Perto, Sendas, Extra-Eletro, Assai 和 Extra Fácil。

三家在 CBD 超市中占据一席之地的公司与其目标客户有着直接的联系：Pão de Açúcar 的目标客户是更具消费力的上层阶级；Compre Bem Barateiro 更符合低收入人群；最近收购的 Sendas，则对在里约热内卢建立连锁店至关重要。

PDVSA

PDVSA 是委内瑞拉的国有石油公司。它的业务涵盖了整个生产链（石油及其衍生物的勘探、精炼和分销以及天然气的勘探和生产）。PDVSA 主导着世界第五大石油出口国委内瑞拉的石油工业。

委内瑞拉拥有约 800 亿桶石油储量，其中 PDVSA 控制了一半。该公司的生产能力包括其战略盟友，以及总计每天 400 万桶的运营协议。

委内瑞拉石油公司是委内瑞拉的国有公司。该公司负责石油的开采、生产、精炼和出口,以及天然气的生产(因此,该公司在所有生产链中都实现垂直整合,并通过将其天然气生产多样化来实现范围经济的收益)。公司大约有 8 000 名员工。

PEMEX

墨西哥石油公司 Petróleos Mexicanos 是一家国有公司,在墨西哥境内垄断石油和天然气勘探相关业务。

墨西哥国家石油公司是世界上最具竞争力的国有公司之一,在石油和天然气的勘探、生产、提炼、运输、储存、分发和销售以及生产这些产品的过程都极具竞争力。其业务分为三个战略单位:PEMEX 炼油厂、PEMEX 天然气和基础石油化工厂以及 PEMEX 石油化工厂。该公司还有一个国际部门(PMI international)。

该公司目前有 128 215 名员工。墨西哥国家石油公司是世界第九大石油生产商,产量占美国市场的 80%。

墨西哥政府是该公司的主要出资人之一,它除了是该国最大的劳动力雇主外,还承担着沉重的税收负担。其在勘探技术方面的投资困难导致其储量在过去几年里急剧减少。

Pequiven

Pequiven 是委内瑞拉的一家公司,成立于 1977 年 12 月 1 日,由委内瑞拉石油化工研究所(IVP)运营,生产和销售石油化工产品,其产品主要销往国内市场,而其余部分则销往其他各大洲的市场。在乌戈·查韦斯(Hugo Chávez)颁布法

令后，Pequiven 不再是 PDVSA 的分支机构，而是成为一家独立的公司。

Pequiven 为国内外市场提供 40 多种石化产品。有三条业务线，分布在以下业务部门：

- 肥料：负责生产、储存、运输、分销和商品化所有必要的肥料，首先供应国家需求，其余出口外国。
- 工业化学产品：负责芳烃、氧化物和工业产品的生产。
- 烯烃和塑料树脂：负责这些产品以及 Pequiven 和其他公司在聚合物领域的开发。

Perdigão

Perdigão 是巴西食品行业最大的公司之一。它于 1934 年由意大利移民在维德拉（Videira）建立。在该国南部和中西部地区有 16 家建成工厂和在建工厂，23 个分销或外包中心。除了在国内市场有强势地位外，它还出口到全球约 110 个国家。公司有 35 556 名员工，自 1995 年以来增长 11%。

该公司在市场上的工作分为两个业务线：自然产品和精细加工产品。第一类包括鸟类、猪和牛等的商品化，并在外部市场占有很大份额。第二条生产线有冷冻产品，如肉类、意大利面和乳制品，在国内市场占有一定份额。

该公司生产超过 2 500 种产品，如冷冻速食面食、乳制品、冷切、动物口粮和分割肉。内部销售来自超市（60%）、批发（20%）和自己的商店（10%），凭借其先进的分销系统，它的产品覆盖了巴西人口的大约 98%。此外，公司的外部市场已出口到亚洲和欧洲的

100多个国家。

在巴西,它经营着18个以上的肉类加工厂、17个孵化器、7个动物配给厂等,主要分布在中南部的6个州。在国外,如欧洲、日本、俄罗斯,也都有销售办事处。

Petrobras

Petrobras(Petróleo Brasileiro S.A.)是一家混合经济的巴西国有公司,在巴西国内外进行石油及其衍生物的勘探、生产、提炼、商品化和运输。除了一家控股公司的活动外,Petrobras还包括几家具有独立权的附属公司。包括阿根廷子公司 Petrobras Energia Participaciones S.A.;主要经营石化产品的子公司 Petrobras Química S.A.- Petroquisa;负责天然气商品化的子公司 Petrobras Gás S.A.- Gaspetro;负责构建和运营其运输网络的 Petrobras Transporte S.A.- Transpetro;Downstream Participações S.A.促进 Petrobras 与西班牙 Repsol-YPF 公司和 Petrobras 国际金融公司(PIFCO)之间的资产置换。此外,还有 Petrobras 的研发中心 CENPES,该中心在过去几年中因其开发的技术而享誉世界。

Petrobras 由热图利奥·瓦加斯(Getulio Vargas)政府于1953年创建,如今已成为世界上二十家最大的石油公司之一。经过40多年的垄断,1997年政府对私营企业开放了石油业务后,Petrobras 开始与其他外国公司竞争。

面对国际竞争对手,Petrobras 表现出色,这首先要归功于该公司为适应巴西特色石油储备而开发的在深水和超深水域生产的先进技术。

Petroecuador

在拉丁美洲石油和天然气领域的大型企业集团中，厄瓜多尔国家石油公司（Empresa Estatal Petróleos Del Ecuador – Petroecuador）脱颖而出。该公司成立于 1989 年 9 月 26 日，其使命是通过有效勘探碳氢化合物，为厄瓜多尔的发展创造财富，重点关注厄瓜多尔国家政府的环境责任和政策。厄瓜多尔国家石油公司是由石油及其衍生物的勘探、工业化、商业化和运输三个部门组成的执行总部。

该公司具有可存储 260 万桶的存储能力和 1 245 公里的管道运营能力。这些管道将精炼中心与该地区的主要分销点连接起来。通过由 50 多个专业分销商组成的现代化网络，实现对终端客户的衍生产品的分配和销售。

最近，厄瓜多尔国家石油公司与一些外国私营公司联合成立财团，目的是探索位于亚马逊河的 Ishpingo-Tiputini-Tambococha (ITT) 油田。这一战略联盟旨在扩大其勘探范围。

Petroperú

秘鲁石油公司（Petroperú）是一家拥有私人权利的国有公司，从事可燃物和其他石油衍生物的出口、提炼和商品化。自 1969 年 6 月 24 日成立以来，Petroperú 是该国最重要的国有公司。

为了在对环境产生最小影响下生产和销售可燃物，其产品均是根据国际标准制定的低排放和高性能可燃物。该公司生产的各种可燃物包括：GLP、不同性能汽油、航空燃料、煤油、柴油、工业

石油、船舶燃料、沥青、溶剂和工业酸。

公司及合作伙伴公司的加油站点(属于 Petroperú)组成了负责流向最终用户的可燃物分销网络,这些合作伙伴公司在其服务网络出售 Petroperú 产品,其产品还通过管道和该国其他各种运输方式(主要是水路和公路)进行分销。

Polar

Polar 成立于 1941 年,是委内瑞拉集团的一部分,该集团由 40 家从事食品和饮料行业的公司组成。目前,该公司是委内瑞拉食品的主要分销商,为超过 16 万家商业机构提供服务。

该公司在拉丁美洲地区一些国家和地区开展业务,例如哥伦比亚,巴西和加勒比海群岛。此外,还在美国(约占其出口额的11%)和欧洲拥有大量合作伙伴。

该公司从事饮料和食品加工行业,共有三个业务部门：Cervejaria Polar(啤酒、葡萄酒、麦芽酒和其他酒精饮料)、Pepsi-Cola Venezuela(是百事可乐国际公司的合作伙伴,并被其控股30%)、Alimentos Polar(负责食品的加工以及清洁产品和冰淇淋等的分销)。

Cervejaria Polar 负责生产过程的所有阶段,包括负责委内瑞拉所有 160 000 个销售点。该公司有四个工厂,年产能为 2 300 万升。

Alimentos Polar 经营的产品种类繁多,例如谷类、人造黄油、国际象棋、糖果、罐头食品、醋等。但其实力仍然局限在委内瑞拉,在其他国家影响力较小。

Pepsi-Cola Venezuela 是 1997 年 Polar 和百事可乐结为联盟后建立的，他们开始在委内瑞拉的所有地区生产和分销产品。这些产品包括：茶点、运动饮料、矿泉水、果汁和高能饮料等，共有 11 种产品。

Sabesp

Sabesp 是一家混合型经济企业，巴西圣保罗州政府为其主要股东，持有 50.3% 的普通股。作为巴西博维斯帕（Bovespa）股市中新市场板块的一员，Sabesp 没有优先股，也在纽约证券交易所上市。

Sabesp 在两个特定的行业运营：水和污水处理。在这两个产业中，Sabesp 执行垂直产业中的所有阶段。

根据 Sabesp 网站的数据，不包括实习生和培训生，Sabesp 在 16 个业务部门中共拥有 17 528 名员工。

Sabesp 为圣保罗州 645 个城市中的 368 个城市营运，为大约 2 500 万居民提供服务。通过与城市公共电力部门签订合同，拥有在城市提供基本卫生服务的特许权。Sabesp 在其提供服务的城市提供独家服务，使其成为一家垄断企业。

Sadia

享聚（Sadia）是鸡肉、猪肉和火鸡屠宰生产行业中最大的的公司之一，生产工业化冷冻和冷藏食品，除了在黄油市场上具有领先地位，在外部市场，它也是巴西家禽出口的领导者之一，被 Interbrand 咨询公司认为是巴西食品业最有价值的品牌。

Sadia 的经营结构包括 16 家工厂，以及众多的商业分支机构和分销中心，在俄罗斯和荷兰还各有一家工厂。它出口到北美、亚洲、欧洲和中东的 100 多个国家，实现超过 680 种产品的商业化，在巴西国内有 30 多万个销售点。

在过去几年中，工业化产品一直是该公司投资的主要重点，包括速冻半成品、比萨饼和冷冻意大利面、人造黄油、猪肉和家禽的工业化衍生产品、馅饼、肉片和甜点等。

1944 年，Atílio Fontana 在西圣卡塔琳娜市（West Santa Catarina）成立了 Sadia。除了意大利面、人造黄油和甜点之外，Sadia 多年来一直在农业工业部门和从猪肉、牛、鸡和火鸡中提取肉类的生产食品方面表现出色。Sadia 是巴西最大的雇主之一，拥有约 4 万名员工。

Salinas

由企业家里卡多·萨利纳斯（Ricardo B. Salinas）创立，萨利纳斯集团（Salinas）/Elektra 是墨西哥最大的创业集团之一，业务范围广泛，包括阿兹特克银行（Aztec Bank）、Biper、Radocel 电信运营商、墨西哥第二大电视广播公司—阿兹特克（Azteca）以及三家连锁百货公司：Elektra，Salinas & Rocha，Bodega de Remates。

这三家公司在墨西哥、危地马拉、洪都拉斯和秘鲁四个国家共有 900 多个销售点。最近，他们开始在巴西开展业务。该集团的策略之一是利用阿兹特克银行放行其下百货连锁店的融资推动销售。该机构在商店内设有提款机，为购物提供即时信贷。Elektra 的模式与巴西 Casas Bahia 相似，为低收入家庭出售家用电器的连锁商店，还有一家为这些业务提供资金的银行。通过这种方式,为低收入人群提供信贷便利。这一人群在拉丁美洲形成了充足的潜在需求。

Elektra 是拉丁美洲最大的家用电器零售商,拥有超过 1 000 家销售电子产品、白色家电(家用电器和厨房用品)和家具的营业点,还有一个阿兹特克银行分行。

阿兹特克电视台和 Azteca América 则发挥相应优势,后者的客户群体主要为居住在美国的拉丁美洲裔社群(覆盖面几乎达到该社群的 77%)。

Saltillo

Saltillo 工业集团是墨西哥的一家领先工业公司,由三个工业部门组成:a) 金属机械;b) 建筑材料;c) 家用产品。

Saltillo 工业集团(地板和墙壁用陶瓷盖、热水器、缸体铸造厂、钢和铝制品)的业务盈利很高,并且该公司在其参与的市场中都保持着领先地位。

由于产品分布在不同的市场上,Saltillo 在每个行业都面临不同的竞争对手。陶瓷行业的竞争较少,因为进入市场的壁垒没有金属机械行业那么多。在金属机械行业,装配需求和大型协议对公司的生产和收益有直接影响。2005 年,该墨西哥公司与美国卡特彼勒公司(Caterpillar)建立了联盟,在墨西哥北部建立了一个供内燃机使用的整体式气缸和机头铸造厂。

Soriana

Soriana 组织成立于 1968 年。该公司的商业资本全部来自墨西哥,产品包括食品、服装、日用百货、保健品,此外还拥有零售和销售批发的基本服务。自1987年在墨西哥股市上市以来,公司在28个州的85个最重要城市开设了204家门店(包括6个配送中心),其主要办事处设在蒙特雷市。

该企业集团与三类自助商店合作:

大型超市:销售大约5万种产品。从一开始公司就使用该模式,并且不断针对客户对他们所在地区的产品进行调整。公司还为消费力量较高的人开设了大型超市Soriana Plus,通过这样的方式,他们可以提供更高质量的产品和更加高标准的服务。

超市:以"每天低价"吸引消费群,销售多达2万种产品,满足了一般城市和贫困地区消费者的需求。

城市俱乐部:与批发合作,服务机构客户、小商店和高消费能力家庭。

Southern Copper

南方铜业(Southern Copper)是一家秘鲁矿业公司,其勘探集中在拉丁美洲的秘鲁和墨西哥等国,前者是第一条产业链的所在地。其主要产品有铜、钼(用于钢链)、锌和其他贵金属。它是墨西哥和秘鲁这一行业最大的公司,也是世界上最大的15家公司之一。其主要亮点是铜的生产和商业化,这是其业务的旗舰产品。

南方铜业目前被称为秘鲁南方铜业公司(Southern Copper Corporation)。墨西哥集团(Mexican Group)拥有75.1%的所有权。

尽管铜是该公司谈判的主要矿物,具有最大的业务量,但锌、钼、银等的生产在 2005 年也占到了销售额的 33%。

该公司经营着四座铜矿,没有一座铜矿的产量超过总产量的 31%,另外还有三个钢铁厂进行产品加工。这种一体化生产使公司能够保持较高的效率,并减少与第三方的联盟,如炼油厂。

SQM

智利矿业化工(SQM)成立于 1968 年,旨在重组智利工业。它经历了多个阶段:起初,它的所有权由智利政府和 Companyhia de Salitre Anglo-Lautano S.A.共同拥有,很快被收归国有掌握在智利政府手中,1983 年至 1988 年间完成了私有化进程。目前,SQM 通过收购、合资和商业联盟在全球二十多个国家开展业务。

碘是 SQM 的主要业务之一。SQM 拥有大部分在智利北部发现的世界上最大的生硝矿藏。碘是从这种矿物中产生的,SQM 也具备世界上最大的生产能力。

作为世界上最大的锂生产商,SQM 致力于锂行业的发展和可持续性。公司承诺及时提供高质量的产品,还进行重大投资以确保产品的可用性。

在处理硝酸盐、氯化钾、硼酸、氯化镁方面,SQM 也是重要的国际供应商。

SQM 最重要的区块是蔬菜营养,占其总收入的 50%,占据最大市场份额,2006 年占国际市场的 49%。其次是碘及其衍生物,占总收入的 20%,国际市场参与率为 35%。

Compañía Sud Americana de Vapores/CSAV

南美轮船公司(Compañía Sud Americana de Vapores/CSAV)的主要业务是为世界各地的产品提供运输服务。此类服务可分为七个市场领域：集装箱运输、汽车运输、固体和液体散装运输、冷藏和生鲜产品运输、水泥运输、石油和衍生品运输、化工产品和天然气运输。CSAV 参与的主要部分是集装箱运输，也称为线路服务(遵循特定路线)，主要服务于亚欧、跨大西洋和跨太平洋航线。由于业务量的不断增长，CSAV 已成为拉丁美洲最大的运营商。除运输服务外，集团内还有一些公司也实现了提供港口服务、仓储区和陆路物流等补充业务，如子公司 Sudamericana Air 和 Maritime Agencies S.A.(SAAM)。

另一种服务是运输液体货物，主要由子公司 Odfjell 和 Vapores 提供。运输固体货物的服务包括铜、锌、阴极铜、木炭、肥料等。通过 CSAV 巴拿马子公司，水果和冷冻产品的专业运输得以开展，服务于美国西海岸、墨西哥、欧洲和亚洲。这些业务是对线路服务的补充。

Suzano

巴西金鱼浆纸公司(Companhia Suzano de Papel e Celulose)隶属巴西 Suzano 集团，在该领域投资超过 84 年。作为拉丁美洲最大的垂直一体化造纸和纤维素生产商之一，在近 80 个国家营运。国内外市场销售的产品组合由桉树纤维素、印刷和书写纸(涂布和未涂布)以及纸板组成。

该公司在圣保罗州拥有两个工业单元,年产能为42万吨桉树纤维素,是巴西第一家生产造纸和ECF纤维素(自1986年以来不含漂白剂)的公司。原料来自公司的桉树农场:桉树有1.4亿棵,其中47％位于圣保罗州。

2001年由于巴西金鱼浆纸公司的资产断裂,因此成立了Suzano Petrochemical S.A.公司,其主要业务是造纸和纤维素,此外还开拓了石油化工业务,由里约热内卢Polímeros、Polibrasil、Politeno和Petroflex等公司的股东参股。

Suzano Petrochemical是拉丁美洲聚丙烯树脂生产的领导者,是巴西第二大热塑性树脂生产商。Suzano Petrochemical的聚丙烯品牌名为Polibrasil,是一种非常通用的产品,广泛运用在我们的日常生活中,例如塑料包装、塑料、家用器皿、化妆品包装、卫生和清洁行业、汽车和纺织等。

TAM

巴西塔姆航空公司(TAM)是一家通过其运营子公司TAM Airlines和TAM Mercosur在巴西和国外提供定期航空运输服务的公司。作为国内航空市场的领导者,TAM拥有约48％的参与率,直接运营46个城市的客运和货运航空运输常规航线,并通过它与另外27个目的地结成联盟。

在国际市场,TAM直接为11个目的地提供服务,并通过与美国航空公司、法国航空公司和其他公司的商业协议提供连接。TAM目前运营着97架飞机,拥有76架空客机型和1 195名员工的团队,资产金额达770万美元。

TAM Mercosur 是一家定期航班航空公司,总部设在巴拉圭阿森松,在巴拉圭、阿根廷、巴西、智利、乌拉圭和玻利维亚开展业务。

Techint/Tenaris/Ternium

1944 年,在意大利成立的 Compagnia Técnica Internazionale,于 1946 年进入阿根廷,1947 年进入巴西。Techint 这个名字来自电报码的原始缩写。

集团拥有丰富的合作领域,共有 100 多家公司,在全球范围内开展业务,涉及钢铁、石油、天然气、建筑工程和公共服务等领域。Techint 集团目前的投资中,包括一些正在进行的基础设施项目。

该集团最重要的两个控股公司是 Tenaris 和 Ternium。

2001 年,Tenaris 品牌兴起,它最初代表了 8 家经认可的有接缝或无接缝钢管生产商之间的战略联盟,处于全球战略位置。

Tenaris 是全球领先的钢管生产商,为天然气和油井的钻井、终端和生产提供服务,是为加工厂提供管状产品和服务以及为专用工业和汽车电器提供能源的领导者。

Ternium 是拉丁美洲市场的钢铁和衍生产品制造的领导者,整合了墨西哥(Hysla)、阿根廷(Siderar)和委内瑞拉(Sidor)的钢铁。Ternium 是美洲主要的钢铁生产商之一,提供全面的平面钢和长钢产品。

Ternium 由 Usiminas 和 Techint 的联合体发展而来,形成了拉丁美洲最大的钢铁公司。Usiminas 投资 1 亿美元,占 Ternium

资本总额的 16%。

随着 Ternium 的诞生，Usiminas 和 Techint 已经成为三家中型钢铁公司的控股者，在各自的国家均表现出色。Ternium 在墨西哥、阿根廷和委内瑞拉都有工厂，这为他们提供了服务主要市场的基地。此外，Ternium 通过一个庞大的分销网络为全球市场提供服务。

Televisa

Televisa（Televisión via Satélite ou Grupo Televisa）是墨西哥的主要电视网络，由 Telesystem 网络和墨西哥独立电视台于 1955 年合并而成。现在该电视台被认为是拉丁美洲第五大媒体集团，最大的西班牙语国际节目制作商和世界第五大广播商（在它之前的是 ABC，CBS，Rede Globo 和 NBC）。Televisa 因出口电视节目，尤其是肥皂剧闻名世界（每年约有 16 类节目）。

得益于西班牙语的语言因素，Televisa 能将其产品出口到拉丁美洲其他国家，西班牙甚至美国。美国拉丁人口众多，这使得该公司的潜在消费市场不仅仅限于墨西哥人口。

Televisa 公司涉及多样娱乐产业，除了电视外，还拥有一个体育场和三支足球队，两份出版杂志。此外，公司还有经营一家电台和一个音乐录音室，并与其他许多唱片公司建立了联盟。

Televisa 的所有者兼总裁 Emilio Azcárraga 表示，该公司的主要目标是扩大其在美国市场的参与度，认为由于拉丁美洲移民在该国的增长，该市场具有巨大的增长潜力。在北美，其主要竞争对手是美国的 NBC 网络。

Telmex

Telmex 是一家成立于 1947 年的公司,在阿根廷、墨西哥、巴西、智利、哥伦比亚、秘鲁和美国等多个美洲国家从事电信业务,并在整个拉丁美洲和北美地区收购了许多公司,发展迅速。在巴西,它不仅是 Embratel 和 Claro(旧 BCP)的所有者,而且还很大程度参与了有线电视运营商 NET。它的主要股东是卡洛斯·斯利姆(Carlos Slim),他也是卡索集团(Carso Group)的主要股东。

除了提供固定和移动电话服务外,它还为企业提供通信和数据解决方案,互联网接入和有线电视服务,以及为公司和终端用户提供综合服务包。

Telmex 占有墨西哥 95% 的固定电话市场,处于非常有利的位置,几乎处于垄断地位。该业务本身就是自然的垄断,就像私有化之前一样,它当时的控制人卡洛斯·斯利姆(Carlos Slim)运用他的所有政治影响力来避免其他竞争对手进入他的市场。

在过去,Telmex 控制着固定电话和移动电话,但是随着 América Móvil 的创立,公司开始扩张,首先是在危地马拉收购了 Telgua,然后在拉丁美洲的私有化进程中收购了国有公司,然后以 Telmex USA 品牌开始在美国运营。

Tubarão CST

Tubarão CST 集团位于 Grande Vitória (ES),占巴西钢铁产量的 15%,占全球钢铁销售量的 12%。2004 年,该公司为 20 个国家约 60 个客户销售了 294 万吨的钢铁和 190 万吨的线轴。该公司拥有世界上最低的钢铁生产成本、出色的运营策略和优越的地理位置（靠近 Praia Mole 港口）。在汽车工业中，它已成为优质半成品钢材的首选供应商。

该公司与 Belgo 合作生产了焦炭，以满足其冶金焦炭的需求。此外还建造了一家热电厂，该电厂每年可产生 120 万兆瓦时电，足以满足 CST 的使用需求。

2005 年 10 月，CST 的 Companhia Siderúrgica Belgo Mineira 与 Vega do Sul 之间结盟，成立了 Arcelor Brazil。这是巴西最大的工业集团之一，年产能为 1 100 万吨。

Ultra

Ultra Participações S.A.（或称 Ultrapar）是根据巴西法律组建的股份制协会，成立于 1953 年 12 月 20 日。该协会历史可以追溯到 1937 年，当时埃内斯托·伊格尔（Ernesto Igel）创立了 Companhia Ultragaz S.A.，并向巴西介绍了 GLP 烹饪煤气，这种天然气使用了 Zeppelin 公司的液化气体钢瓶。

Ultrapar 在巴西、墨西哥、阿根廷、美国和委内瑞拉经营，是巴西规模最大、最稳定的经济集团之一。其业务分为三个不同的领域：可燃物的分销（Ipiranga、Ultragaz 和最近收购的 Texaco）、化学产品生产（Oxiteno）和特殊散货的综合物流（Ultracargo）。

Oxiteno 生产的永恒氧化物及其主要衍生物对于包括药品和化妆品在内的各种细分市场都是必不可少的。

该集团是全球最大的液化天然气（石油或烹饪煤气）和第二大可燃物的分销商。

Usiminas

Usiminas 系统是拉丁美洲乃至世界最大的扁钢综合厂之一,是行业中的领导者,由钢铁行业及相关行业的企业组成。

Usiminas 的主要生产机构是 Ipatinga 和 Cubatāo。Usiminas 的工厂战略位置及其组织结构为公司提供了巨大的竞争力。这种结构由物流领域的三家公司(Usifast,MRS Logistica 和 Rios Unidos Transportes)、两家专属港口码头(Cubatāo 和 Praia Mole)、五家分销服务公司(Fasa,Usial,Rio Negro,Dufer,Usiroll)、两个资产公司(Usiminas,Mecânica)和模具公司(Usiparts)以及拉丁美洲最现代的钢铁研究中心之一组成。

在竞争激烈的汽车领域,Usiminas System 的参与率一直保持在扁钢需求的 60% 以上,电子设备领域也是如此。

1958 年,Usiminas 成立了一家合资企业,通过国有资本与日本股东的合作,实现了一种新型的共享管理方式。

2005 年 5 月,Usiminas(Usiminas system 隶属于它)关闭了 COSIPA 资本,使之成了集团的子公司。同样在 2005 年,Usiminas 宣布与 Techint 集团共同组建一家大型钢铁公司 Ternium,管理旗下公司包括 Siderar(阿根廷)、Sidor(委内瑞拉)和 Hyslamex(墨西哥)。新公司的装机容量为 1 200 万吨/年,收入为 50 亿美元。

Vale(CVRD)

淡水河谷公司(Vale)是世界上最大的矿业和金属公司之一。目前在巴西的 14

个州和五大洲，经营着超过9 000公里的铁路和10个港口码头。

淡水河谷由巴西政府于1942年成立，于1997年转为私有公司，如今拥有10万名职工和外包员工。1974年，成为世界上最大的铁矿石出口商。1986年，公司在里约热内卢的股票市场上市。

如今，淡水河谷公司与BHP、Rio Tinto这两家公司共同跻身全球三大矿业公司之列。

公司主要从事三大业务：采矿、物流和能源。

采矿业——淡水河谷是世界上最大的铁矿石和钢球的生产商和出口商。它还生产铝土矿、铝、铜、钾、钙、镁和钢铁连接件。2004年6月，淡水河谷开始了其在巴西的第一个铜矿开采项目：Sossego项目。

物流——负责巴西16%的货物运输，65%的港口散货运输和大约39%的对外贸易运输。

电力能源——淡水河谷公司是巴西最大的电力行业投资者之一。淡水河谷及其在合资企业中的控股人，是该国最大的电能消费者。

Vitro

Vitro S.A. of C.V.于1909年在墨西哥成立，是玻璃生产领域的领先公司之一，此外还服务于建筑、汽车、食品、饮料、化妆品和制药等多个市场。Vitro还生产工业用途的原材料和资本产品，将它们垂直整合到其业务部门——平板玻璃和玻璃存储。公司与国际上其他行业领导者建立了许多合资企业，为子公司提供进入国际市场、分销渠道和最先进技术领域的通道。如今，Vitro在美洲和欧洲大陆的9个国家设有分销中心，出口到全球超过45个国家，并

根据出售的产品提供安装服务。

Vitro 是墨西哥第一大、拉丁美洲第二大的生产商,是美国最大的分销商之一,也是西班牙和葡萄牙平板钢化玻璃的主要供应商。

PPG Industries 和 Asahi 表示,在价格和质量方面,Vitro 在墨西哥平板玻璃业务的主要竞争对手是 Compagnie de Saint-Gobain。在美国,Vitro 面临着北美生产商以及众多中小型生产商和分销商的竞争压力。

Votorantim

Votorantim 成立于 1918 年,是一家拥有家族控制权的公司,现已发展到第三代。公司被标准普尔(Standard & Poor)和惠誉评级(Fitch Ratings)评为投资级,是巴西最大的私营企业集团之一,管理的业务和产品主要涉及集约资本和大宗商品活动。Votorantim 集团在工业、金融和新业务领域开展业务。它的业务遍及巴西 20 个州和 100 多个城市,以及 12 个国家。该公司的水泥业务始于 1933 年,钢铁部门始于 1937 年。

Votorantim 是最大的拥有封闭式资本和家族企业的巴西公司,拥有 6 万名员工。90 年来,是原材料生产和加工领域的佼佼者。这些产品的需求通常是国民产业发展的良好表征。Votorantim 是该国最大的水泥生产商,占该国水泥销售额的 40%。它也拥有世界上最大的铝综合工厂 Companhia Brasileira de Alumínio。在金属领域,它还是世界第三大锌生产商。在农业领域,Citrovita 是世界第三大浓缩果汁出口国,而 Votorantim Celulose e Papel(VCP)正在建立世界上最大的纤维素提取生产线。该集团仍然在其他 17 家公司（例如 Usiminas 和 Alunorte）以及能源分销商 CPFL 的控股公司中拥有股份，CPFL 是美国效率最高的公司之一。

它控制或参与了美国、加拿大、阿根廷、玻利维亚、秘鲁、哥伦比亚、比利时、澳大利亚以及中国等 9 个国家的工厂矿山、钢铁公司、港口码头和炼油厂，并在英国、德国、瑞士和新加坡设有办事处。

WEG

WEG Indústrias S.A. 是一家总部位于圣卡塔琳娜州（Santa Catarina）南亚瓜拉市（Jaraguá do Sul）的公司，成立于 1961 年 9 月 16 日。从 20 世纪 80 年代起，生产发电机、电子元件、工业自动化产品、能源变压器和配电、液体和粉末涂料以及电绝缘涂料。WEG 在圣卡塔琳娜和圣保罗拥有 6 个工厂园区，在国外有 6 个工厂园区，分别位于阿根廷、墨西哥、葡萄牙和中国，另外 18 个分支机构遍布全球 100 多个国家。

凭借 25 亿美元的资产和自动化的市场优势，WEG 制造商出口 47％至 50％的发动机产品。在创新方面，为跟随国际化趋势，公司采取了三种战略：自主发展、技术聘用和技术适配。这使得 WEG 资本中有 70％来自最近五年中推出的产品。

Xignux

Xignux 是一家墨西哥集团，主营业务包括电缆、汽车仪表、变压器、食品和铸造等。该集团由多家公司组成，并拥有三大

合作伙伴：Yazaky、General Electric 和 Sara Lee。

在电缆行业,该集团拥有 Conductores Monterrey(该集团成立于 1956 年的第一家公司)、San Luis Potosi 工厂、Magnecon、São Marco(位于 Três Corações,特雷斯科拉塞斯)和 Electric。在汽车仪表领域,该公司的重要盟友有 Yazaky 公司,此外还拥有重要的装配厂客户,例如戴姆勒-克莱斯勒(Daimler-Chrysler)、三菱、福特、捷豹、雷诺日产、丰田、通用汽车、斯巴鲁等(汽车零部件制造商除外)。集团工厂之一位于巴西圣保罗州塔图伊(Tatui)。

General Eletric 是集团在变压器领域投资的合作伙伴,两家公司共同创建了 Prolec GE,为住宅和商业市场生产中、小型变压器。在食品领域,Xignux 的主要合作伙伴是 Sara Lee 公司,共同投资冷切食品(火腿、意式肉肠、博洛尼亚香肠等)和牛奶衍生品。在铸造方面它拥有两个工厂,为墨西哥和美国的汽车工业和家用电器行业提供服务。该集团一半以上的销售额来自出口业务。

译后记

认识圣保罗大学经济管理学院的费尔德曼教授是在 2019 年的秋季。那一年,巴西作为金砖国家峰会的轮值主席国,复旦发展研究院金砖国家研究中心与圣保罗大学经管学院共同举办了"2019 年金砖国家大学联盟年度会议"。在教授的帮助与支持下,会议在美丽的圣保罗大学顺利召开。虽然在巴西只停留了短短数日,但南美洲人民的热情友好以及作为拉丁美洲最负盛名的高等学府圣保罗大学的严谨治学精神给我留下了深刻的印象。告别之际,费尔德曼教授将此书的英文版赠予了金砖中心。

实际上,费尔德曼教授早在 2004 年便与中国结下了缘分。当时他作为时任巴西总统卢拉访华团的一员来到中国。2017 年,他又正式成为复旦发展研究院特聘研究员,并且参与撰写了由复旦发展研究院主编的《中国与拉丁美洲:跨越"中等收入陷阱"之路》一书。平日里,在与费尔德曼教授的交流中,能让我切身感受到他的平易近人、耐心以及对学术孜孜以求的态度,他的想法与见解也总能给我新的启发与思考。

目前,关于拉丁美洲文学、拉丁美洲历史的书籍不在少数,却鲜有中文翻译著作涉足拉丁美洲的企业管理。《拉丁美洲企业管理：全球化带来的机遇与挑战》一书历经 11 年的时间,先后用葡萄牙语与英文版本在巴西、美国出版,如今将以中文版的形式与中国的读者见面,实属不易。虽然本书撰写年份至今已过去数年,但仍旧具有非常大的现实参考意义。阅读此书,可以让我们对于拉丁美洲国家的企业有一个相对全面的了解。费尔德曼教授深入浅出,将理论与具体案例相结合,不仅犀利地指出长期根植于拉丁美洲企业管理中的文化弊端与现实问题,也从不同国家和行业领域这两个维度对拉丁美洲企业进行了梳理和介绍。而附录中的百家企业介绍,也是由作者精心挑选的,以更为直观的方式让读者认识拉丁美洲最强的大型企业。虽然目前拉丁美洲国家仍面临着诸如社会不平等、腐败现象、创新能力不足等问题,但不可否认的是,拉丁美洲国家在未来具有极大的发展潜力与前景。

  本书是一位巴西籍教授对于拉丁美洲企业发展困境与期许的一次自我剖析和解读,不仅如此,它还能为在拉丁美洲的中国企业提供参考借鉴价值。近年来,中国与拉丁美洲国家的关系发展迅猛,双方的政治交往和互信继续深化,经贸合作逆势上扬。尤其是在全球化的大背景下,随着"中拉命运共同体"的提出以及"一带一路"倡议的推进,越来越多的中资企业在拉丁美洲国家落地生根。然而由于中国与拉丁美洲国家之间在语言、政治环境、人文环境以及价值观等方面存在的差异,中国企业在拉丁美洲难免面临"水土不服"的困境。如何更好地融入拉丁美洲的企业文化亦是中国企业在"走出去"的同时需要认真思考和解决的问题。本书正是在这一愿景下被翻译成中文的。费尔德曼教授在管理方面积累的经验深厚,曾经担任多家知名企业的高管,对拉丁美洲的企业管理有着宽广的视野和独到的见解。希望此书的翻译出版,能够拉近地球两端的距离,能够在帮助更多的中国企业走进拉丁美洲、适应拉丁美洲企业管理文化方面做出一点小小的贡献。

在翻译过程中,译者力图达到准确、流畅,但才力与时间所限,尚有许多不尽如人意之处,如书中存在疏漏之处,还望读者不吝赐教。

本书在复旦发展研究院金砖国家研究中心的资助下得以出版,希望可以为更多的中文读者在认识和了解拉丁美洲的企业文化以及相关的学术研究方面,尽一份绵薄之力。

复旦发展研究院金砖国家研究中心　李昱昀
2021 年 9 月　复旦光华楼

本书资助单位及相关平台简介

复旦发展研究院

复旦发展研究院（Fudan Development Institute,简称 FDDI），成立于 1993 年，是改革开放以来国内最早设立的智库之一，也是"中国十大影响力智库""首批上海市重点智库"。研究院聚焦"中国发展研究"，是一家以"学科深度融合"为动力、以"统筹管理孵化"为延伸、以"高端学术运营"为特征的跨学科、综合性、国际化研究机构。研究院充分发挥复旦大学文理医工学科综合优势和国内外的影响力，"开放办智库"，形成"复旦-上海-中国-世界"多维研究网络，孵化培育了 20 个研究中心，国内首创海外中国研究中心、国际智库中心、复旦-拉美大学联盟、金砖国家大学联盟，形成全方位、多渠道的国际合作网络，为国家发展、人类进步贡献复旦学养，提出中国方案，回应世界关切。

联系方式：
网址：http://fddi.fudan.edu.cn
邮箱：fdifudan@fudan.edu.cn

复旦大学金砖国家研究中心
金砖国家大学联盟秘书处

复旦大学金砖国家研究中心成立于 2012 年 3 月，是整合原来分布在复旦大学各院系的俄罗斯研究、南亚研究、拉美研究等力量，对金砖国家合作参与全球治理展开综合性研究的机构。金砖中心的发展目标是集战略咨询、高端人才培养和国际政治理论创新为一体的新型智库。中心涉及业务主要包括：以全球治理中金砖国家合作为主旨的政策研究；以金砖国家信息共享和交流平台为主体的信息发布；以金砖国家大学联盟筹组为主要载体的国际合作。

金砖国家大学联盟（BRICS Universities League，简称 BRICS UL），成立于 2015 年，拥有来自金砖五国的 51 所联盟成员高校，为联合金砖国家教育界开展共同研究，培养国际化高端人才，为增进金砖国家合作、加强人文教育文化交流起到了重要作用。联盟的品牌项目金砖暑期班自 2014 年开始，该项目旨在为来自金砖国家的青年学生打造友谊与共识的平台，推动金砖国家青年一代对中国社会文化和政治经济发展、金砖国家合作与全球治理变革的了解与兴趣，促进彼此交流，夯实金砖合作的民众基础。

联系方式：
网址：http://www.brics-info.org/
邮箱：brics@fudan.edu.cn

复旦-拉美大学联盟(FLAUC)

复旦-拉美大学联盟(Fudan-Latin America University Consortium,简称 FLAUC),成立于 2017 年 5 月,是复旦大学牵头,与拉丁美洲著名大学间交流与合作的平台。联盟的总体愿景是通过联合研究项目和学术交流活动,促进拉美与中国的密切交流与相互理解。

联盟包含复旦大学及 15 个拉丁美洲成员及伙伴高校,分布在阿根廷、巴西、哥伦比亚、智利、墨西哥、秘鲁。联盟秘书处设立于复旦发展研究院(FDDI),负责日常运营与联络工作。

联盟根植学术,设立"种子基金",通过合作研究、学者互访、高端论坛等形式,拓宽中拉大学长线跨学科合作与人才培养,以期促进中拉人文交流,为中拉战略政策制定、发展合作建言献策。

联系方式:
网址:http://flauc.fudan.edu.cn
邮箱:fdifudan@fudan.edu.cn

图书在版编目(CIP)数据

拉丁美洲企业管理：全球化带来的机遇与挑战 / (巴西)保罗·罗伯托·费尔德曼著；复旦发展研究院金砖国家研究中心译.—上海：上海社会科学院出版社, 2022

书名原文：Management in Latin America：Threats and Opportunities in the Globalized World

ISBN 978-7-5520-3949-8

Ⅰ.①拉… Ⅱ.①保… ②复… Ⅲ.①企业管理—研究—拉丁美洲 Ⅳ.①F279.730.3

中国版本图书馆 CIP 数据核字(2022)第 161698 号

上海市版权局著作权合同登记号 图字 09 - 2020 - 1106
Authorized translation from the Portuguese language edition, entitled Empresas Latino Americanas：Oportunidades e Ameaças no Mundo Globalizado, by Paulo Roberto Feldmann, published by Atlas, Copyright © 2010.
CHINESE SIMPLIFIED language edition published by Shanghai Academy of Social Sciences Press Copyright © 2022.

拉丁美洲企业管理：全球化带来的机遇与挑战

著　　者：[巴西]保罗·罗伯托·费尔德曼
译　　者：复旦发展研究院金砖国家研究中心
责任编辑：王　睿
封面设计：黄婧昉
出版发行：上海社会科学院出版社
　　　　　上海顺昌路 622 号　邮编 200025
　　　　　电话总机 021 - 63315947　销售热线 021 - 53063735
　　　　　http://www.sassp.cn　E-mail:sassp@sassp.cn
排　　版：南京展望文化发展有限公司
印　　刷：上海颛辉印刷厂有限公司
开　　本：890 毫米×1240 毫米　1/32
印　　张：7.25
字　　数：165 千
版　　次：2022 年 11 月第 1 版　2022 年 11 月第 1 次印刷

ISBN 978-7-5520-3949-8/F·715　　　　定价：48.00 元

版权所有　翻印必究